NOTIONS GÉNÉRALES

SUR

LE PASSAGE ET LA DÉFENSE DES RIVIÈRES.

Strasbourg, impr. de V.e Berger-Levrault.

NOTIONS GÉNÉRALES

SUR LE

PASSAGE ET LA DÉFENSE DES RIVIÈRES,

OU

COUP D'OEIL

SUR L'ÉTAT ACTUEL DE L'ART DU PONTONNIER

EN FRANCE.

Ouvrage contenant un examen critique du nouvel équipage de pont des Autrichiens.

PAR A. F. DRIEU,

Maréchal-de-camp d'artillerie, Officier de la Légion d'honneur.

STRASBOURG.

Chez V.e LEVRAULT, Libraire-Éditeur de l'Annuaire militaire;

PARIS.

à son dépôt général,

Chez P. BERTRAND, Libraire, rue Saint-André-des-Arcs, 65.

1846.

AVANT-PROPOS.

La plus délicate de toutes les opérations que l'art de la guerre nous enseigne, est, s'il faut en croire les auteurs militaires les plus célèbres, celle par laquelle une armée passe un fleuve large, profond et rapide, en présence de l'ennemi. Quoi qu'il en soit, on ne peut s'empêcher de mettre au rang des actions mémorables les passages du détroit des Dardanelles, par Xerxès; du Granique, de l'Indus et de l'Hydaspe, par Alexandre; du Rhône, par Annibal; du Rhin, par César et par Moreau; du Danube et de la Bérésina, par Napoléon, et tant d'autres passages dont l'histoire perpétue le souvenir.

Les pontonniers, avec leurs équipages de ponts, sont devenus un élément assez important de nos armées, pour que tout officier instruit doive savoir quel parti l'on en peut tirer dans l'exécution des passages de rivières.

L'art du pontonnier a été l'objet de plusieurs ouvrages que j'ai fait paraître en 1811, 1815, 1820 et 1831 ; celui-ci montre quel est en 1846 l'état de cet art, qui depuis 1820 a marché d'un pas rapide dans la voie du progrès.

La recherche du meilleur équipage de pont est la question la plus importante du service des pontonniers. Elle a été la source d'une foule de projets, plus ou moins ingénieux, rejetés ou bientôt abandonnés, parce qu'ils ne satisfaisaient pas aux conditions principales du problème.

Un nouveau système d'équipage de pont, inventé par le colonel Birago, a été essayé et adopté en Autriche en 1841. Les épreuves auxquelles il a été soumis à Vienne, sur le Danube, en présence d'officiers de presque toutes les puissances de l'Europe, ont produit sur ces officiers une telle sensation, qu'ils ont tous déclaré qu'il n'avait jamais existé dans aucune armée rien de comparable à cette invention. Déjà l'enthousiasme pour le système autrichien avait été communiqué à la plupart des officiers du régiment de pontonniers français, par l'officier supérieur de ce corps qui avait été spectateur des manœuvres exécutées à Vienne, quand des épreuves comparatives, faites en 1844 et 1845 à Strasbourg, sur le Rhin, entre l'équipage autrichien et l'équipage français, ont clairement démontré que le nouveau système autrichien, tout ingénieux qu'il est, serait d'un mauvais service à la guerre.

Je ne range point l'équipage autrichien au nombre des inventions dont rien ne doit échapper à l'oubli. Le chevalet de cet équipage est fondé sur une idée heureuse et féconde en applications. L'inventeur a eu, selon moi, le tort de vouloir étendre beaucoup trop l'emploi de son chevalet, et de sacrifier ainsi à son ingénieuse découverte toutes les considérations majeures qui dominent la question des équipages de ponts.

Le pont autrichien a pour corps de support des bateaux formés de parties que l'on assemble en plus ou moins grand nombre, et des chevalets d'un nouveau système. Les bateaux, divisibles en plusieurs parties, sont une invention très-ancienne; on pourrait attribuer l'idée du chevalet autrichien à un officier français, Nicolas Grollier de Servière, mort en 1689. Mais si les idées ne sont pas nouvelles, le système d'équipage est incontestablement nouveau. Dans l'examen impartial que j'en ai fait, j'ai indiqué ce qu'on doit lui emprunter pour améliorer l'équipage français.

Ayant toujours présent à l'esprit les conditions essentielles auxquelles un bon équipage de pont doit avant tout satisfaire, je ne me suis point laissé éblouir par les ponts à plusieurs étages, et à rampes hautes et très-prolongées; résultats curieux, mais sans utilité pratique en campagne, et qui m'auraient séduit, comme tant d'autres officiers, si je n'avais été préservé d'un enthousiasme irréfléchi par l'expérience que m'ont acquis mes longs services de guerre et de paix dans le corps de pontonniers.

Ce petit ouvrage renferme, dans un cadre très-resserré, les notions acquises sur le passage et la défense des rivières; il permet d'embrasser, pour ainsi dire d'un seul coup d'œil, les principes de l'art du pontonnier. C'est un résumé dans lequel on peut puiser en quelques heures une connaissance étendue, quoique superficielle, du service spécial des pontonniers en temps de guerre.

TABLE DES MATIÈRES.

NOTIONS GÉNÉRALES

SUR

LE PASSAGE ET LA DÉFENSE DES RIVIÈRES.

FORMATIONS SUCCESSIVES DU CORPS DE PONTONNIERS ET ORGANISATION DES ÉQUIPAGES DE PONTS.

Dans les temps anciens, comme de nos jours, les équipages de ponts de bateaux ont fait partie du matériel traîné à la suite des armées bien organisées. L'utilité de ces équipages est incontestable. Une armée qui en est pourvue, peut construire promptement des ponts sur les fleuves qu'elle rencontre; tandis qu'une armée sans équipages de ponts se trouve au contraire longtemps arrêtée dans sa marche par chaque rivière un peu considérable; il faut alors qu'elle tire des ressources du pays tous les matériaux indispensables pour effectuer le passage, et qu'elle les rassemble non loin du point où l'on veut l'exécuter. Mais ces préparatifs, longs et ostensibles, dévoilent à l'ennemi le secret de l'opération, et lui donnent le temps de prendre les dispositions nécessaires pour la faire échouer.

Avant 1792 l'établissement des ponts militaires était accessoirement confié aux compagnies d'ouvriers de l'artillerie. Ces compagnies n'étant pas organisées pour exécuter des travaux de ce genre, on leur adjoignait des bateliers bourgeois chargés de toutes les opérations qui exigent des connaissances en navigation. Les ouvriers et les bateliers, leurs auxiliaires, étaient exercés à faire des ponts de la manière la plus simple, avec des *pontons en cuivre*, imités de ceux en fer-blanc, que les Hollandais inventèrent, dit-on, vers le milieu du dix-septième siècle. Sur les grands fleuves, tels que le Rhin, on employait ordinairement des *bateaux d'artillerie*, semblables à ceux qui composent encore aujourd'hui le pont sur le bras Mabile du Rhin, entre Strasbourg et Kehl.

Les pontons en cuivre parurent avoir trop peu de capacité pour former des ponts solides sur les rivières larges et rapides; ils ne pouvaient d'ailleurs servir à opérer des débarquements de troupes pour s'emparer de la rive ennemie et protéger l'établissement des ponts.

Les grands bateaux d'artillerie n'étaient pas non plus propres à opérer des débarquements; leur poids (1860 kilogrammes) rendait les voitures de l'équipage, formé avec ces bateaux, trop lourdes et par conséquent trop peu mobiles, pour suivre les mouvements rapides d'une armée. Il est vrai que les Français sont parvenus à conduire un équipage de bateaux d'artillerie jusqu'à Vienne; mais les anciens officiers de pontonniers se rappellent encore combien sa marche était lente.

Ainsi donc, jusqu'en 1792 la France n'avait point de corps organisé pour exécuter les passages de rivières tandis que l'Autriche et d'autres puissances de l'Allemagne possédaient depuis longtemps un corps de pontonniers spécialement chargé de cet important service; et jusqu'à cette époque les équipages de ponts étaient loin d'être satisfaisants.

En 1792 on créa deux compagnies de bateliers du Rhin; l'année suivante on augmenta le nombre de ces compagnies, et l'on en composa un bataillon, qui prit en 1795 le nom de *bataillon de pontonniers*. La même année on organisa un second bataillon, attaché à l'armée de Sambre-et-Meuse. En 1801 on forma un troisième bataillon pour les besoins de l'armée d'Italie. En 1802 les trois bataillons furent réduits à deux, l'un destiné aux opérations sur le Rhin et au delà de ce fleuve, l'autre au service des armées au delà des Alpes.

On créa en 1813 un troisième bataillon. Depuis la paix de 1814 il n'y eut plus qu'un seul bataillon, porté en 1825 à douze compagnies. Enfin, en 1841 le bataillon a pris la dénomination de 15.e *régiment d'artillerie-pontonniers.*

Au milieu de ces organisations successives, le plus grand nombre de compagnies de pontonniers qui aient existé en même temps est de seize, en ne comptant pas les débris de cinq compagnies du 2.e bataillon bloquées dans la place de Dantzig pendant toute l'année 1813, et prisonnières de guerre après la capitulation de cette place.

Le régiment de pontonniers, composé de douze compagnies, est divisé en deux parties, l'une à Strasbourg, l'autre à Lyon. Il fournit en Algérie une compagnie sur le pied de guerre.

La difficulté et le danger des manœuvres de navigation et de pontage sont en raison du carré de la vitesse du courant; car on sait que le choc de l'eau contre les surfaces est proportionnel au carré de cette vitesse. Jusqu'à deux mètres de vitesse par seconde, il est assez facile de prévenir les accidents; une vitesse de deux mètres et demi exige beaucoup d'attention et d'adresse; une plus grande vitesse demande des pontonniers très-adroits : chaque faute est suivie de funestes conséquences. Ce n'est donc que sur des cours d'eau très-rapides, tels que le Rhin à Strasbourg et le Rhône à Lyon, que les pontonniers peuvent acquérir une très-bonne instruction.[1]

La partie du corps à Strasbourg est composée de l'état-major, du peloton hors-rang et de six compagnies, sous le commandement du colonel; la partie détachée à Lyon est de cinq compagnies, commandées par le lieutenant-colonel. Le chef du corps est chargé de maintenir l'uniformité dans l'instruction et dans les différentes parties du service des deux portions du régiment. Cette division du corps est très-nuisible à son instruction spéciale. L'effectif complet de chaque compagnie n'étant que de soixante-dix sous-officiers et pontonniers, six compagnies ne suffisent pas à Strasbourg, où les exigences du service journalier absorbent un grand nombre d'hommes qui ne prennent point part aux manœuvres. L'expérience nous a appris d'une manière certaine qu'il y faudrait huit compagnies, pour que les instructions de navigation et de pontage fussent en progrès, au lieu de rétrograder, comme il est arrivé

1. Le Rhin, à Strasbourg, est plus rapide que le Rhône à Lyon. On estime que les difficultés qu'on éprouve en manœuvrant sur ces points des deux fleuves, sont dans le rapport de 3 à 2.

depuis la division actuelle du corps. Le meilleur partage qu'on puisse faire des onze compagnies de pontonniers à l'intérieur, serait : huit compagnies à Strasbourg et trois compagnies à Lyon. Ces dernières, commandées par un chef d'escadron, seraient relevées tous les deux ans par trois autres compagnies.

Les compagnies de pontonniers sont composées d'hommes robustes, exerçant les professions de batelier, d'ouvrier en bois ou en fer ou de cordier; on y admet aussi des tailleurs et des cordonniers.[1]

Le régiment de pontonniers fait partie du corps

---

1. Il y a dans chaque compagnie 12 maîtres ouvriers, dont 4 maîtres bateliers, 4 maîtres ouvriers en bois et 4 maîtres ouvriers en fer. Les maîtres bateliers sont destinés à diriger comme pilotes les bateaux, trains ou flottes, quand on fait voyager par eau du matériel de ponts; les maîtres ouvriers en bois et en fer, à conduire le travail des nombreux ateliers employés à la construction des chevalets, radeaux, etc., lorsqu'on a recours aux ressources du pays pour créer les objets dont les ponts seront formés. Les maîtres ouvriers suivent les mêmes instructions théoriques que les caporaux et sont employés comme eux à l'instruction des jeunes soldats. Ils seraient incapables de bien remplir leur emploi, s'ils n'étaient pas choisis parmi les bateliers et les ouvriers habiles dans leur profession et sachant au moins lire couramment.

de l'artillerie. Dans un intérêt qui n'est pas celui de l'armée, plusieurs généraux ont prétendu que les pontonniers et les équipages de ponts devraient être attachés au corps du génie. La question est facile à résoudre. L'artillerie possède de nombreux arsenaux de construction dans lesquels on trouve les moyens de créer promptement des équipages de ponts sur telle frontière que l'on veut; elle possède aussi les magasins nécessaires pour conserver ces équipages. Le matériel immense qu'elle traîne aux armées lui permet de venir au secours des équipages de ponts, en leur fournissant, selon les circonstances, des chevaux, des voitures ou des pièces de rechange; et lorsque les pontonniers dépourvus d'équipage sont dans le cas de faire traverser une rivière à un corps de troupes, l'artillerie leur fournit volontiers les attelages et les voitures nécessaires pour rassembler les matériaux d'un pont. Le personnel très-nombreux de l'artillerie aidera, s'il le faut, les pontonniers dans leurs travaux, puisque tous les canonniers sont exercés dans leurs écoles à construire des ponts de bateaux et de chevalets. N'est-il pas évident que le corps du génie, dont le matériel et le personnel sont beaucoup moindres que ceux de l'artillerie, n'offrirait que des ressources insuffisantes au service des ponts? L'intérêt de l'armée veut donc que ce service reste confié à l'artillerie.

Les équipages de pontons en cuivre et ceux de bateaux d'artillerie ayant été reconnus défectueux, on a essayé un grand nombre d'équipages nouveaux ou imités de celui des Autrichiens. Quoique préférables, sous quelques rapports, à ceux qu'ils remplaçaient, ils ne satisfaisaient pas à toutes les exigences du service; aussi les a-t-on abandonnés successivement. Lorsque la paix a succédé aux longues guerres de la révolution, aucun modèle d'équipage n'était adopté; mais l'expérience nous avait appris quelles sont les conditions essentielles auxquelles il faut qu'un équipage de pont satisfasse.

Cet équipage doit être assez mobile pour suivre facilement la marche de l'armée; il doit encore, et c'est dans ce seul but qu'on le traîne en campagne, servir à effectuer les passages de rivières. Or, dans l'exécution d'un passage, il y a deux opérations distinctes : la première consiste à jeter sur la rive ennemie des troupes de débarquement; la seconde, à construire très-promptement des ponts capables de supporter tous les fardeaux qui accompagnent l'armée.

L'équipage de pont a besoin d'autant de mobilité que les parcs d'artillerie de campagne, dont la plus lourde voiture est la pièce de 12. Au commencement de l'expédition de Russie, l'armée française passa le Niémen au moyen d'un équipage de cent bateaux, composé de voitures beaucoup moins mobiles que la pièce de 12; mais, à partir de ce fleuve, la lenteur de la marche de l'équipage força de laisser en arrière le plus grand nombre de ses voitures : de cent bateaux il n'en arriva que vingt-huit jusqu'à Moscou. Pendant cette même campagne, Napoléon, impatienté par les entraves que la marche lente de ce lourd équipage mettait à l'exécution de ses desseins, dit qu'il voulait que les voitures des équipages de ponts eussent désormais la légèreté d'une pièce de 4; paroles trop exagérées pour être prises à la lettre, mais qui témoignent combien il attachait d'importance à la mobilité de ces équipages. Il ne faut pas croire que l'on puisse donner à des voitures pesamment chargées la même mobilité qu'à des voitures légères, en proportionnant le nombre de chevaux des attelages aux poids qu'ils ont à traîner; car il est impossible de faire agir simultanément plus de huit chevaux, et d'ailleurs une voiture trop pesante s'enfonce tellement aux endroits nommés *mauvais pas*, qu'il devient impossible de l'en tirer sans la décharger plus ou moins.

Jusqu'à présent on n'a conduit aux armées que des équipages de bateaux. De nos jours on a essayé, à l'imitation des Anglais, de remplacer, au moins pour les ponts d'avant-gardes, les bateaux par de longs tonneaux cylindriques, terminés en cône à chaque bout. Les derniers tonneaux éprouvés à Strasbourg, en 1828, 1829 et 1830, sous le nom de *pontons cylindriques*, sont en fer-blanc et divisés en cellules par des cloisons transversales.

Les tonneaux en général jouissent de la propriété de revenir d'eux-mêmes à flot aussitôt qu'on les décharge d'un poids sous lequel ils étaient submergés, et de se trouver dans le même état qu'avant la submersion. Les bateaux, au contraire, se remplissent d'eau lorsqu'on les surcharge; dès lors ils restent coulés, et l'on ne peut leur rendre la puissance qu'ils avaient comme flotteurs, sans les décharger et sans vider l'eau qu'ils contiennent. Voilà un avantage considérable que les tonneaux ont sur les bateaux sous le rapport de leur emploi à la construction des ponts. Mais quand l'eau s'introduit dans les tonneaux par de petites ouvertures, ils sont hors de service jusqu'à ce qu'on y ait remédié; chose impossible, si l'on ne les sort pas de l'eau. Il en est tout autrement des bateaux, dont les voies d'eau sont toujours visibles et faciles à boucher. Cet inconvénient des tonneaux en général est beaucoup moindre dans les pontons cylindriques; car, si l'enveloppe et même quelques séparations d'un de ces tonneaux sont percées par une cause quelconque, il pourra encore supporter des fardeaux en raison de la capacité des cellules restées intactes.

Mais il y a une condition essentielle des équipages de ponts à laquelle les tonneaux, quels qu'ils soient, ne satisfont guère, puisqu'ils sont impropres aux débarquements de troupes. En effet, un tonneau isolé ne peut servir comme un bateau à cet usage; on est obligé, pour en tirer parti, d'établir un plancher sur deux tonneaux éloignés l'un de l'autre de quelques mètres, et d'employer aux débarquements de troupes les radeaux formés de cette manière. Comparons un tel radeau à un bateau dans l'exécution d'un passage de rivière en présence de l'ennemi. Il faut au moins un quart d'heure pour construire le radeau; il ne faut qu'une minute pour lancer le bateau à l'eau; le radeau, difficile à gouverner, met beaucoup plus de temps que le bateau à faire le trajet d'une rive à l'autre; entraîné par le courant, il dérive beaucoup, aborde où il peut et comme il peut; le bateau dérive bien moins et aborde où il veut. Il est donc évident que le passage de troupes par débarquements réussirait avec des bateaux dans une infinité de circonstances où il échouerait si l'on voulait l'effectuer avec des radeaux. On doit donc rejeter les équipages de tonneaux, bons tout au plus lorsque l'ennemi ne défend point le passage de la rivière.

L'histoire nous apprend que l'on a fait usage à la guerre d'équipages de bateaux en toile goudronnée, en cuir, en fer-blanc, en cuivre et enfin en bois de sapin ou de chêne.

César avait à la suite de ses troupes des bateaux en cuir, dont la carcasse était composée de brins d'osier entrelacés. L'empereur Julien a jeté des ponts sur le Tigre, l'Euphrate et autres fleuves, avec des bateaux en cuir, dont l'enveloppe se pliait comme un porte-feuille pour la facilité du transport; lorsqu'on voulait former les bateaux, on tendait le cuir avec des cerceaux. Les Russes ont employé jusqu'à nos jours des bateaux composés d'une carcasse en bois, recouverte par une toile forte goudronnée. Les bateaux en toile et en cuir manquent de solidité. Ils sont sujets à se dégrader par les frottements; le moindre choc les perce. Cependant on ne peut pas empêcher qu'ils n'éprouvent des frottements et qu'ils ne reçoivent des chocs quand on les transporte sur des voitures, ou quand on les emploie aux manœuvres exigées par le service auquel ils sont destinés, ou quand ils sont sous les ponts et que le courant charrie des glaçons ou d'autres corps flottants. Lorsqu'un de ces bateaux, faisant partie d'un pont, a une voie d'eau, on est forcé de le ramener à terre pour le réparer. En outre une personne mal intentionnée pourrait facilement percer ces bateaux pendant la nuit, et ce ne serait qu'au moment où on les mettrait à l'eau pour exécuter un passage, que l'on s'apercevrait qu'ils sont hors d'état de servir.

Les bateaux ou pontons en fer-blanc qui ont été employés par les Hollandais, les Prussiens, les Saxons et les Autrichiens, ont la plupart des inconvénients que l'on vient de signaler; de plus, ils sont assez promptement rongés par la rouille. Les pontons en cuivre des Français et des Espagnols sont plus solides, mais aussi plus lourds que ceux en fer-blanc. Leur prix excessif suffirait seul pour y faire renoncer.

Les bateaux en bois de sapin offrent tous les avantages que l'on peut désirer. Ils sont plus lourds que ceux en fer-blanc, mais plus légers que ceux en cuivre; ils résistent bien aux chocs; on les construit promptement et à peu de frais; on les répare facilement sans les sortir de l'eau, lors même qu'ils sont percés par des balles ou par des boulets. Le bateau de l'équipage français actuel est en sapin; ses membrures sont en chêne pour lui assurer de la durée et de la solidité; il pèse environ 750 kilogrammes.

On serait d'abord tenté de croire que les bateaux en métal sont préférables à ceux en bois sous un certain rapport; car l'enveloppe des premiers, composée de feuilles de métal soudées ensemble, n'éprouve aucun changement sensible, du moins aucune solution de continuité, par l'effet du soleil ou d'une grande sécheresse; tandis que l'on a vu des bateaux en sapin transportés sur des voitures dans les pays chauds, finir par avoir de telles ouvertures, qu'ils coulaient de suite à fond lorsqu'on les mettait à l'eau sans les réparer. La cause de ces ouvertures est le retrait du bois, qui force les planches de se séparer aux endroits où elles sont jointes, et de se fendre vers le milieu de leur largeur. Plus les planches sont larges et plus les ouvertures deviennent considérables. Chacun a pu observer que les fentes des planchers ordinaires d'appartements se trouvent toujours au milieu de la largeur des planches, dans la partie contenant le cœur de l'arbre et qui manque de consistance; c'est d'après cette remarque que l'on emploie quelquefois à cet usage des planches très-étroites, que l'on obtient en ôtant des plus larges la partie qui contient le cœur de l'arbre; les fentes ne sont plus alors à craindre, et le peu de retrait de ces planches étroites n'occasionne entre elles que de très-petits intervalles. C'est avec de telles planches que l'on forme l'enveloppe des bateaux de l'équipage; la sécheresse ne les fendra point, et les déjoindra si peu, que les bateaux seront toujours en état de servir. Au reste, il serait facile de rendre le bateau parfaitement imperméable, en empêchant l'eau de s'introduire entre les planches; le moyen suivant a été essayé et il a réussi : il consiste à placer dans chaque joint une bande de toile goudronnée, pliée en deux, et à fixer ses bords aux planches conjointes. Quand les planches s'écartent, la toile, tirée par ses deux bords, s'étend et empêche que l'eau ne pénètre dans le bateau; quand les planches se resserrent, la toile se replie de nouveau. On est sûr de rendre la toile goudronnée imperméable, en appliquant dessus une feuille de papier enduite de goudron.

On ne peut déterminer entièrement la forme qu'il convient de donner au bateau, pour qu'il éprouve la moindre résistance à fendre l'eau quand il traverse une rivière, et pour qu'il oppose la moindre résistance à l'écoulement de l'eau quand il fait partie d'un pont; l'état d'imperfection de la science hydraulique ne permet pas de résoudre complétement ce problème. Malgré les recherches des mathématiciens les plus célèbres, on ne sait pas encore estimer le choc et la résistance de l'eau contre des surfaces d'une certaine étendue, soit dans le cas du choc direct, soit, à plus forte raison, lorsqu'il est oblique. Cependant on sait par l'expérience que l'aiguité de la proue d'un bateau diminue considérablement la résistance dont il s'agit, tandis que l'aiguité de la poupe produit beaucoup moins d'effet. Bossut dit que la résistance contre la proue d'un vaisseau, construit selon les principes reçus, n'est que le $\frac{1}{4}$ ou le $\frac{1}{5}$ de la résistance directe qu'éprouverait la plus grande section transversale du vaisseau. On sait aussi que pour qu'un bateau soit mu dans l'eau avec le moindre effort, sa longueur doit être d'environ cinq fois sa largeur. La forme du bateau français actuel s'accorde avec ces résultats d'expérience : son avant-bec est assez aigu; son arrière-bec l'est très-peu, parce que l'aiguité de ce bec diminuerait la capacité du bateau, sans procurer aucun avantage sensible; enfin, la largeur et la longueur de ce bateau sont à peu près dans le rapport de 1 à 5.

Si l'on considère sous le point de vue de leur système de construction tous les haquets sur lesquels on a transporté les bateaux des différents équipages, on n'en distinguera que deux espèces. Les uns, nommés *haquets à flèche*, sont composés de deux trains réunis par une flèche, comme on le voit communément dans les voitures agricoles; dans les autres, nommés *haquets à brancards*, les deux trains sont réunis par deux brancards, sous lesquels les roues de l'avant-train peuvent passer. Les petites voitures dont les brasseurs et les marchands de vin se servent dans l'intérieur des villes, sont toutes de cette espèce, afin qu'elles aient l'avantage de pouvoir changer subitement de direction quand les sinuosités des chemins qu'elles parcourent l'exigent. La même raison a fait adopter un haquet à brancard pour transporter le bateau du nouvel équipage; car il y a nécessairement un grand intervalle entre les deux trains d'une voiture chargée d'un bateau ayant 9 à 10 mètres de longueur; et si elle était à flèche, il lui faudrait un trop large espace pour passer d'une direction dans une autre, lorsque ces deux directions font entre elles un angle droit ou aigu.

Les dimensions du bateau de l'équipage actuel ont été fixées d'après les usages auxquels il est destiné. Sa longueur, de $9^{m},43$, permet de l'employer sur les grandes rivières pour composer des ponts assez stables; sa largeur, de $1^{m},70$, et sa longueur sont dans une proportion qui ne laisse pas craindre que son roulis puisse causer des accidents lorsqu'on passe des troupes de débarquement; et, avec ces dimensions, le bateau est encore assez commode à transporter sur une voiture; sa hauteur ou profondeur, de $0^{m},785$, est telle que l'embarquement et le débarquement des troupes se font promptement et facilement. Son volume, de $9^{m.\ cub.},20$, est suffisant pour qu'un pont formé de pareils bateaux ne soit pas submergé par les vagues que produisent ordinairement les orages ou les forts coups de vent.[1]

Le *tablier* du pont, c'est-à-dire, l'ensemble des poutrelles et des madriers, a la force nécessaire pour résister au passage des fardeaux qui accompagnent une armée, sans en excepter les voitures de l'artillerie de siége, dont la plus lourde pèse environ 4000 kilogrammes. Les poutrelles, de 8 mètres de longueur, maintiennent les bateaux

1. Le bateau de l'équipage français actuel pourrait avoir moins de longueur et de volume et être rendu moins lourd, tout en satisfaisant encore aux conditions d'un bon service. Cette question sera traitée à la suite de l'examen du nouvel équipage des Autrichiens.

à 6 mètres l'un de l'autre, distance comptée du milieu d'un bateau au milieu du bateau suivant; leur équarrissage, de $0^m,12$, est relatif à leur portée : il y en a cinq sous les madriers et deux au-dessus; ces dernières assujettissent les madriers et servent en même temps de garde-fous. Les madriers ont $0^m,04$ d'épaisseur; leur longueur, de $4^m,20$, laisse la faculté de faire passer deux voitures l'une à côté de l'autre lorsqu'il arrive, malgré la consigne qui le défend, que deux voitures se croisent sur le pont. Les ponts trop étroits ralentissent le passage; ils nuisent au succès d'une troupe qui marche à l'ennemi, et ils assurent la perte d'un corps qui se trouve forcé de les passer en retraite. Il faut, au moins, qu'un pont soit assez large pour qu'une colonne de pièces d'artillerie passant dessus, il reste encore un espace libre pour la circulation des cavaliers porteurs d'ordres pressés.

Il est avantageux qu'un pont militaire puisse supporter autant d'hommes serrés en foule que la surface de son tablier peut en recevoir; on est alors certain qu'il ne sera pas submergé ou écrasé dans un de ces moments de déroute dont les armées offrent tant d'exemples [1]; car la ca-

1. Nous en citerons deux remarquables.
L'an 312, Maxence avait fait jeter un pont de bateaux

valerie serrée en masse ne pèse guère que la moitié des hommes qui occuperaient en foule le même espace, et le plus lourd équipage d'artillerie de siége chargerait moins le pont que des hommes. Le pont de bateaux d'équipage ne satisfait pas à la condition dont il s'agit; pour le soumettre à cette condition, il faudrait ou donner de plus grandes dimensions aux bateaux et les rendre par conséquent lourds et difficiles à transporter, ou rétrécir le tablier, ce qui ralentirait le passage, ou enfin diminuer l'intervalle entre les bateaux, ce qui en ferait employer un plus grand nombre pour une longueur de pont déterminée : on a préféré pres-

---

sur le Tibre. Son armée ayant été battue par celle de Constantin, les fuyards s'entassèrent sur le pont, qui se rompit sous une trop forte charge : Maxence lui-même fut englouti avec un grand nombre de ses gens.

Les Turcs ayant été défaits en 1683, par Sobieski, vis-à-vis de Gran, ville forte située sur le bord du Danube, ils se retirèrent en désordre par le pont de bateaux construit sur le fleuve devant cette place. 7 à 800 hommes seulement avaient passé sur le pont lorsqu'il fut submergé et rompu par la foule dont il était surchargé. De plus de 20,000 Turcs restés sur la rive, il y en eut environ 18,000 qui furent taillés en pièces; les autres s'élancèrent dans le Danube avec leurs chevaux pour le traverser à la nage, malgré sa grande largeur et sa rapidité, mais la plupart, renversés par le courant, se noyèrent.

crire des mesures d'ordre tendantes à prévenir tout encombrement sur les ponts.

L'ancre du nouvel équipage est toute en fer et d'un transport commode; elle pèse 65 kilogrammes. D'habiles géomètres ont cherché à déterminer théoriquement la meilleure forme des ancres; mais c'est moins à leurs travaux qu'à l'expérience que l'on est redevable des règles ordinairement suivies dans leur tracé; règles dont au reste beaucoup de fabricants s'écartent plus ou moins, sans qu'il paraisse en résulter d'inconvénients dans la pratique. La plupart des bateliers croient qu'il faut prendre des précautions en jetant une ancre, afin qu'elle tombe sur le fond de la rivière dans une bonne position, c'est-à-dire de manière qu'une de ses deux pattes soit prête à pénétrer dans ce fond; ils préfèrent le grappin, espèce d'ancre qui a trois, quatre ou cinq pattes, dont deux posent nécessairement sur le lit de la rivière. Selon eux, le succès de l'ancrage est incertain avec les ancres, tandis qu'il est infaillible avec les grappins. C'est une erreur. En effet, l'expérience démontre que quelle que soit la position, défavorable en apparence, dans laquelle une ancre est tombée, cette ancre se retourne presque sans changer de place, et l'une de ses pattes entre dans le terrain aussitôt que le cordage d'ancre commence à se tendre, en supposant toutefois que les pattes de l'ancre ne se sont pas accrochées au cordage, et qu'il ne fait pas un angle de plus de 20 degrés avec le fond de la rivière : l'ancre chasserait sans pénétrer dans le terrain, si cet angle était plus ouvert; mais dans ce cas, la même chose arriverait avec un grappin.

Les cordages d'ancres de l'équipage ont une force de 2500 kilogrammes. Quoique la fabrication des cordages ait été améliorée, dans le siècle dernier, par Duhamel, et qu'on l'ait encore perfectionnée récemment, il n'en est pas moins vrai que les cordages les plus parfaits sont promptement altérés par les alternatives d'humidité et de sécheresse qu'ils éprouvent dans le service des ponts; l'altération due à cette cause va, dans certains cas, jusqu'à leur faire perdre les deux tiers de leur force en moins d'un an; les cordages perdent d'ailleurs un tiers de leur force en se mouillant. On avait pensé que des chaînes en fer, à courtes mailles, pour n'être pas sujettes à se nouer, seraient préférables aux cordages d'ancres, parce qu'elles seraient presque inaltérables, et qu'on pourrait avoir toujours la même confiance dans leur force. Six de ces chaînes, éprouvées par un effort de 2000 kilogrammes, sont en service, comme essai, depuis 1837, et employées dans les écoles de ponts sur le Rhin. Quoiqu'elles soient d'un usage commode, et malgré l'avantage qu'elles présentent pour la sûreté des ponts, on continuera à leur préférer, pour les équipages mobiles, les cordages d'ancres dont le poids, à longueur égale, n'est que le quart de celui des chaînes.

La construction des ponts avec le nouvel équipage de bateaux est très-prompte; car nos pontonniers, dans leurs écoles sur le grand Rhin, ne mettent que deux minutes et demie par bateau ou quarante minutes par 100 mètres de longueur de pont, malgré la difficulté que présente un courant de $2^{m},50$ à 3^{m} de vitesse par seconde.

Les équipages de ponts composés d'un grand nombre de voitures, embarrassent les armées; ils exigent beaucoup de chevaux, et forment en route de longues colonnes qui gênent la marche des troupes. On doit donc réduire au strict nécessaire la quantité de bateaux que l'on traîne en campagne. Un seul équipage de 30 bateaux, servant à former un pont d'environ 200 mètres, a été jugé suffisant : quand il faudra opérer sur de plus larges rivières, on recourra aux ressources du pays. Outre ce grand équipage, on a pensé qu'il fallait donner à chaque corps d'armée, pour le service de son avant-garde, un équipage de pont, composé d'un très-petit nombre de voitures, destiné au passage des rivières qui n'ont pas plus de 40 à 45 mètres de largeur.

Le grand équipage du pont de bateaux, qui est sous les ordres du général en chef de l'artillerie, marche, selon les circonstances, avec le quartier général de l'armée ou avec le parc général d'artillerie. Les voitures dont il est composé ont le poids de la pièce de 12, c'est-à-dire de la plus lourde voiture de l'artillerie de campagne. Elles sont au nombre de 74, dont 35 haquets, 35 chariots de parc et 4 forges. Chaque bateau est sur un haquet, avec les 7 poutrelles nécessaires pour le ponter; les madriers, les engins et les divers approvisionnements sont sur les chariots. Parmi les trois espèces de voitures qui entrent dans la composition de cet équipage, il n'y a que les haquets qui lui soient particuliers; les chariots et les forges sont communs à tous les équipages d'artillerie.

On a voulu que les voitures de l'équipage de pont d'avant-garde aient la mobilité de la pièce de 8, seul calibre employé aux avant-gardes. Il ne suffit pas que deux voitures aient le même poids pour qu'elles aient la même mobilité; il faut non-seulement qu'elles exigent la même force de tirage, mais encore que l'une puisse passer et tourner partout où l'autre passera et tournera: alors elles sont également mobiles.

On a essayé, en 1828 et années suivantes, un équipage d'avant-garde dont les corps de support étaient de ces pontons cylindriques en fer-blanc précédemment décrits. Sept voitures suffisaient pour transporter un pont de 38 mètres. Les cylindres ont 6^{m},15 de longueur, 0^{m},90 de diamètre et 3$^{m\ cub.}$,40 de volume. On les espaçait de 5^{m},50, et il en résultait un pont qui ne pouvait servir, en observant de grandes précautions, qu'au passage de l'infanterie sur deux rangs, les hommes marchant à un mètre de distance, de la cavalerie sur un seul rang, de la pièce de 8 attelée et de la pièce de 12 non attelée. Sous ces fardeaux, le pont était sujet à prendre un déversement latéral très-dangereux, qui ne permettait de passer qu'en plein jour, et qui aurait occasionné les accidents les plus funestes dans un de ces moments de désordre si fréquents à la guerre. Après avoir été adopté en 1831, cet équipage a été abandonné en 1832.

En 1835 on a approuvé un autre équipage d'avant-garde. Le bateau, tout en sapin, pèse 410 kil.; il a 8 mètres de longueur, 1^{m},70 de largeur au milieu et 0^{m},78 de hauteur. Les poutrelles ont le même équarrissage, et sont de 0m,40 plus courtes que celles de l'équipage ordinaire de pont de bateaux. Les madriers ont 3m,20 de longueur et 0m,033 d'épaisseur. Le haquet à flèche, imité de celui de l'équipage de pontons cylindriques, porte 1 bateau, 6 poutrelles (dont 2 pour guindages), 18 madriers et d'autres menus agrès. Cet équipage a été abandonné, parce qu'on a reconnu que les voitures n'avaient point la mobilité de la pièce de 8, et qu'elles étaient loin de pouvoir passer dans les tournants où passe la pièce de 8.

Enfin, un nouvel équipage de pont d'avant-garde ou de division, adopté en 1839, satisfait à toutes les conditions de la question. Le corps de support est un ponton tout en sapin; il a 6m de longueur, 1m,40 de largeur, 0m,70 de hauteur. Son volume est de 5 mètres cubes; il pèse 300 kilogrammes. Les poutrelles ont 5m,79 de longueur, 0m,12 sur 0m,08 d'équarrissage; les madriers 3 mèt. de longueur sur 0m,03 d'épaisseur. Le haquet est à flèche, et fait de manière à pouvoir être employé comme chevalet à chapeau mobile aux endroits où il y a peu de profondeur d'eau. Dans ce système, un équipage de sept voitures suffit pour former un pont de 45 mètres de longueur, dont 34 mètr. sur pontons et 11 mètr. sur haquets.

On doit se demander s'il est convenable d'avoir deux équipages de ponts distincts, l'un de réserve, l'autre d'avant-garde; l'un servant à former sur toutes les rivières des ponts capables de donner passage aux batteries de 12; l'autre destiné à de médiocres cours d'eau, et formant des ponts qui n'ont que la force nécessaire pour résister au passage des batteries de 8.

Si l'on considère qu'il n'y a que 350 kilogr. de différence entre le poids d'une pièce de 12 et celui d'une pièce de 8; que l'équipage d'avant-garde est impropre à suppléer l'équipage de réserve; que l'adoption de deux équipages complique le matériel de l'artillerie, on pensera peut-être avec nous qu'il serait préférable de n'en avoir qu'un seul, aussi léger que le permettent les conditions auxquelles l'équipage de réserve est soumis, et qu'il serait sage de revenir au principe posé en ces termes par le Comité de l'artillerie en 1821 : *Il n'y aura à la suite des armées qu'un seul équipage de pont.*

Les équipages ordinaires de ponts de bateaux ne sont point propres à la guerre en pays de montagnes, où les transports se font à dos de mulet. Il a été fait bien des projets d'équipage de montagne; on a proposé des bateaux démembrés, des bateaux formés d'une charpente légère, recouverte de toile goudronnée, et qui se démontent pour la commodité du transport; des ponts d'outres, de tonneaux, de caisses; des ponts suspendus en cordages. On a pensé que ces équipages seraient plus embarrassants qu'utiles, et qu'on pouvait s'en passer, les montagnes n'offrant que des torrents impétueux au moment des crues, mais guéables, et souvent presque à sec pendant la plus grande partie de l'année.

On s'était proposé d'employer pour les expéditions en Algérie un pont suspendu en cordages, très-léger et de 30 mètres de longueur. On y a renoncé, parce qu'un pont de cette espèce offre peu de sécurité; qu'il faut trop de temps pour l'établir, opération qu'on peut se trouver dans le cas de faire plusieurs fois dans un même jour; que la longueur du pont, qui paraît devoir être limitée à 30 mètres, le rend inutile quand le cours d'eau présente une plus grande largeur. On a préféré, pour ces expéditions, un pont de petits chevalets, beaucoup plus léger qu'un pont de cordages, et qu'on a déjà employé avec quelque succès en Afrique.

Le chevalet de ce pont est un diminutif du chevalet autrichien, dont l'invention est attribuée à M. le colonel Birago. Il est composé d'un chapeau et de deux pieds seulement. Les pieds, disposés en arcs-boutants, sont inclinés au cinquième. Le chapeau, de 2^{m},21 de longueur totale, sur 0^{m},07 de largeur et 0^{m},09 de hauteur, porte à chacun de ses bouts une coulisse en fer, dans laquelle glisse un pied du chevalet; les pieds ont même longueur et même équarrissage que le chapeau; une semelle mobile est fixée au bout inférieur de chaque pied. Lorsque le chevalet est monté, son chapeau est soutenu, à la hauteur convenable, par deux cordages fixés à la partie supérieure des pieds. Les poutrelles, au nombre de trois par travée, ont aussi 2^{m},21 de longueur; leur équarrissage est de 0^{m},07 : il y a sous chacun de leurs bouts deux taquets, entre lesquels se logera le chapeau du chevalet. Les madriers ont 1^{m},50 de longueur, 0^{m},25 de largeur et 0^{m},03 d'épaisseur. Ils sont fixés sur les poutrelles par des équerres en forme d'augets, qui recouvrent le dessus des bouts des madriers et s'appuient contre les extrémités de ces bouts : des cordages, embrassant les équerres et les poutrelles extérieures du tablier, empêchent tout dérangement des madriers.

Les travées ont 2 mètres de longueur. Tout ce qu'il faut pour former une travée, compose le chargement complet d'un mulet (100 kil.).

Le pont formé avec cet équipage se construit très-promptement, est stable et donne passage à l'infanterie sur deux rangs, à la cavalerie et aux mulets chargés. Mais il y a deux cas où l'équipage ne peut rendre absolument aucun service : celui où la profondeur de l'eau surpasse $1^m,80$ [1] et celui où la rivière a plus de largeur que le pont transporté n'a de longueur. Dans ce dernier cas, un équipage dont les corps de support seraient flottants (bateaux ou radeaux) pourrait être utilisé et servir à passer des troupes par des débarquements ou à former des ponts-volants. On voit donc que l'équipage de petits chevalets laisse désirer que l'on en trouve un autre plus satisfaisant pour les expéditions en Algérie.

Un nouveau système d'équipage de pont, adopté en 1841 par les Autrichiens, a été soumis à des épreuves en 1844 et 1845 à Strasbourg. Nous allons l'examiner, sans entrer dans les détails qui n'influeraient en rien sur l'appréciation du système.

Les corps de support sont de deux espèces : les bateaux et les chevalets.

---

1. Il a été reconnu que des pièces de bois de $2^m,40$ de longueur sont encore assez facilement transportables sur des mulets : en donnant cette longueur aux pieds des chevalets, la limite de la profondeur au delà de laquelle on ne pourra plus faire usage des chevalets sera de 2 mètres.

Le bateau est composé de deux parties, un bec et un corps, qu'on peut à volonté séparer ou réunir au moyen de ferrures d'assemblage. Le devant du bec a la forme ordinaire de l'avant-bec d'un bateau; mais l'arrière de ce bec est terminé carrément, c'est-à-dire, verticalement. Le corps, destiné à servir de prolongement postérieur au bec, a la forme d'un prisme : ses bouts sont terminés carrément. Toutes les parties en bois de ce bateau sont en sapin ou en mélèze. Les planches du fond et des bordages ont 22 millimètres d'épaisseur.

Bec.	Longueur	totale		$4^{m}266$
		de la partie formant l'avant-bec		1.842
	Largeur	dep. l'arrière jusq. la naissance de l'avant-bec.	en haut	1.870
			en bas	1.412
		au nez		0.990
	Hauteur	dep. l'arrière jusq. la naissance de l'av.-bec.		0.737
		au nez		0.895
	Poids			300 kil.
	Volume			4m. cub.,200
Corps.	Longueur			3.470
	Largeur	en haut		1.870
		en bas		1.412
	Hauteur			0.737
	Poids			305 kil.
	Volume			4m. cub.,200

Nous devons appeler l'attention sur le mode de jonction du bec et du corps formant un bateau de deux pièces.

Contre chaque côté du bec sont fixées extérieurement, l'une vers le plat-bord, l'autre vers le fond, deux bandes en fer dont un bout est relevé en demi-cône tronqué. Il y a ainsi à l'arrière du bec quatre demi-cônes, dont les axes horizontaux sont dans un même plan vertical dépassant de quelques millimètres l'arrière du bec. Chaque extrémité du corps présente également quatre demi-cônes disposés de la même manière. Le corps étant placé derrière et contre le bec, les quatre demi-cônes d'une extrémité du corps et ceux du bec se correspondent parfaitement et forment ensemble quatre cônes entiers. Un anneau dont on coiffe chaque couple de demi-cônes, s'oppose à la désunion. Enfin, une cheville, logée dans un trou percé dans les deux demi-cônes, et dont l'axe est dans le plan de jonction de ces demi-cônes, empêche l'anneau de sortir. L'anneau et la cheville, qui servent à assembler deux demi-cônes, sont suspendus à une même chaînette fixée au bordage par un crampon. On se fera une idée de cet assemblage des deux demi-cônes, en se figurant une fusée d'essieu divisée en deux parties par un plan passant par l'axe de la fusée, et par l'axe du trou de l'esse; parties qui ne pourraient se séparer, étant maintenues par la rondelle et par l'esse.

Le bateau est ordinairement formé d'un bec et d'un corps; mais on peut le composer d'un bec et d'autant de corps que l'on voudra, et le terminer à l'arrière par un corps ou par un bec. On peut donc ainsi former des bateaux plus ou moins longs, ayant plus ou moins de capacité, selon l'usage auquel on les destine.

Le chevalet qui entre, comme le bateau, dans la composition de l'équipage de pont des Autrichiens, est très-remarquable. Il est composé d'un chapeau et de deux pieds en sapin. Les deux pieds, inclinés en sens contraire, sont disposés en arcs-boutants; leur inclinaison a deux de base sur cinq de hauteur : ils glissent dans des mortaises percées dans le chapeau près de ses extrémités. Le système de ces trois pièces de bois jouit, comme chevalet, d'une propriété particulière. Le chapeau étant horizontalement placé à une certaine hauteur, supposons qu'on le charge en son milieu : en raison du jeu des pieds dans les mortaises du chapeau, les pieds se rapprocheront l'un de l'autre par le haut, et leur inclinaison s'augmentera, ce qui permettra au chapeau de decendre un peu; mais bientôt le contact des pieds contre deux arêtes diagonalement opposées de chaque mortaise, empêchera le chapeau de s'abaisser davantage, à moins qu'il ne s'opère un rapprochement du bas des deux pieds ; effet que leur frottement sur le fond de la rivière ou leur enfoncement dans ce fond rendra souvent impossible. L'expérience ayant démontré qu'il ne faut pas trop compter sur la fixité du chapeau due à cette considération, on a suspendu le chapeau à deux chaînes, attachées au bout supérieur des pieds. Enfin, des semelles en chêne s'ajoutent au bas des pieds.

Ce chevalet ne repose que sur deux pieds et n'a aucune stabilité propre dans le sens latéral.

Chapeau.	Longueur	totale	5^{m}223
		de chaque tête percée d'une mortaise.	0.900
		du corps	3.423
	Largeur	des têtes	0.158
		du corps	0.210
	Hauteur		0.223
	Intervalle entre les deux mortaises		4.049
	Poids		98 kil.

Pieds . . Il y a des pieds de quatre longueurs différentes, selon l'élévation que l'on veut donner au chapeau. Ils sont désignés sous les n.ºs 1, 2, 3 et 4. Les pieds n.ºs 1, 3 et 4 sont toujours accouplés, c'est-à-dire, qu'il y en a toujours deux dans chaque mortaise du chapeau, formant un pied proprement dit du chevalet : il faut donc quatre pieds de ces numéros pour un chevalet. Les pieds n.° 2 ne s'accouplent point ; il n'en faut que deux pour un chevalet : le vide qu'ils laissent dans chaque mortaise du chapeau est rempli par une pièce de bois nommée faux-pied.

		N.° 1.	N.° 2.	N.° 3.	N.° 4.
Pieds.	Longueur	2m528	3m792	5m056	6m320
	Largeur	0.123	0.151	0 123	0.123
	Épaisseur	0.088	0.088	0.088	0.088
	Plus grande élévation du chapeau avec les pieds	1.600	2.500	3.800	5.000
	Poids d'un pied	13k 88	24k 34	28k 19	33k 67

Il y a des semelles de deux grandeurs; la grande pèse 11k,09 et la petite 7k,69. Une chaîne de suspension du chapeau pèse 11k,38.

Poids d'un chevalet monté	avec pieds n.° 1 et grandes semelles	198k
	— n.° 4 —	278

Les poutrelles devant servir au pontage des bateaux et des chevalets, suppléent par leur construction au manque de stabilité propre des chevalets dans le sens latéral. Elles ont sous chaque bout une échantignolle fixée par deux goujons et par deux liens en fer. Le dessous de l'échantignolle a une entaille. Dans chaque extrémité de la poutrelle est enfoncé un piton portant un anneau.

La poutrelle est en sapin; ses deux échantignolles sont en chêne.

Poutrelle.	Longueur		7m070
	Largeur		0.118
	Hauteur		0.159
	Entailles dans les échantignolles.	Longueur	0.162
		Profondeur	0.072
	Distances entre les entailles, de milieu à milieu		6,636
	Poids		67k,17

Les madriers, en sapin, ont 3m,264 de longueur, 0m,290 de largeur et 0m,040 d'épaisseur.

Il y a aussi des madriers plus étroits, qui n'ont que 0^{m},158 de largeur, et que l'on nomme demi-madriers. Poids du madrier, 17^{k},10, du demi-madrier, 10^{k},43.

Les corps-morts, en sapin, ont 3^{m},792 de longueur, 0^{m},158 de largeur et 0^{m},132 de hauteur. Un corps-mort pèse 33^{k},75.

Le haquet de l'équipage autrichien est à brancards inclinés, plus élevés devant que derrière, et sous lesquels tournent les roues de l'avant-train. Les haquets destinés au transport des poutrelles ont des brancards plus longs que les autres haquets, et une plus grande distance entre les deux essieux. Il n'y a aucune indépendance entre les deux trains des haquets.

Nous ne nous occuperons pas ici des autres objets du matériel de l'équipage.

La composition d'un équipage pris pour unité détermine celle des autres, qui seront tous composés d'un plus ou moins grand nombre de fois cet équipage.

Cet équipage, pris pour unité, se compose de 7 corps et 8 becs de bateau; 8 chapeaux de chevalets; 44 pieds de chevalets; poutrelles et madriers pour ponter 7 corps de support; objets accessoires pour le pontage et la navigation; 15 voitures, dont 8 haquets à poutrelles, 4 haquets à chevalets, 2 haquets à coffre, 1 forge de campagne.

Nous allons maintenant faire connaître comment le pont est formé avec les objets de cet équipage, c'est-à-dire le mode de pontage.

Le bateau est ordinairement de deux pièces, un bec et un corps, assemblées comme on l'a dit précédemment. Sur ses plats-bords s'élève un échafaudage composé de deux traverses et d'un bloc, qui reposent sur les plats-bords, et d'un corps-mort, soutenu à son milieu par le bloc et à ses bouts par les traverses. Ce corps-mort correspond au milieu de la largeur du bateau : il sert d'appui aux poutrelles du tablier.

Les poutrelles reçoivent par encastrement dans leurs entailles les corps-morts des rives, ceux placés sur les bateaux ou les chapeaux des chevalets, selon l'espèce de corps de support du pont. On voit que si les corps-morts des rives sont solidement fixés sur terre, les chapeaux des chevalets et les corps-morts placés sur les bateaux seront maintenus invariablement par les poutrelles, et que les chevalets ne pourront se renverser, quoiqu'ils ne reposent que sur deux pieds.

Les madriers couvrent les poutrelles aux endroits où elles sont accouplées, sans les dépasser. Ils sont assujettis par un guindage formé de pieds de chevalets couchés sur les bouts des madriers et de demi-madriers, placés de champ et appuyés contre les extrémités des madriers et contre le côté extérieur des pieds de chevalets. Des cordages embrassant à la fois ces pieds, les demi-madriers et les poutrelles extérieures complètent ce guindage, qui empêche que les madriers ne glissent dans le sens de leur longueur sur les poutrelles du tablier, comme cela arrive quand on emploie le guindage ordinaire.

Il y a cinq poutrelles par travée. Leur écartement, de milieu à milieu, est de $0^{m},757$; la longueur des travées de $6^{m},636$; la voie du pont de $3^{m},088$.

On a dit que les bateaux du pont étaient ordinairement de deux pièces; mais il est recommandé d'en placer alternativement deux de deux pièces et un de trois pièces, afin de donner plus de force au pont et de diminuer son balancement latéral.

La facilité que l'on a d'augmenter la longueur et le volume des bateaux, en les composant de plus de deux pièces, permet d'établir des ponts à double et même à triple voie.

Un chevalet à longs pieds peut être surmonté d'un chevalet à pieds courts; on peut aussi asseoir un chevalet sur un bateau : ce qui donne les moyens d'élever le tablier à une assez grande hauteur, et par conséquent de former des rampes, d'établir des ponts sur des rivières, ravins ou fossés à bords escarpés, sans abattre les rives aux abords des ponts.

Passons maintenant à l'examen du système dont nous avons fait connaître les parties principales et importantes.

Nous avons vu que le nombre des chevalets surpasse celui des bateaux, et qu'il n'y a dans l'équipage que le tablier nécessaire pour ponter les bateaux, ou un nombre égal de corps de support. Il en résulte qu'on aura seulement le choix de construire le pont, soit tout en bateaux, soit tout en chevalets, soit mixte en bateaux et en chevalets, mais toujours du nombre de travées fixé par celui des bateaux de l'équipage. On ne peut pas supposer, avec l'auteur du système, qu'à la guerre on puisse se procurer promptement les poutrelles et les madriers nécessaires au pontage des corps de support pour lesquels l'équipage n'a point de tablier. Ce n'est pas à une époque où les troupes feront des mouvements plus que jamais accélérés, qu'il faudra compter sur les ressources du pays, pour créer une partie du matériel destiné aux ponts; on ne devra point perdre un temps précieux à débiter des bois et à confectionner des poutrelles, surtout des poutrelles qui exigent autant de façon et de précision que celles de l'équipage autrichien. Aussitôt qu'un équipage de pont est arrivé au point choisi pour le passage d'une rivière, il faut qu'on puisse jeter le pont sans aucun retard : c'est une des conditions auxquelles est attaché le succès, quand on opère à peu de distance de l'ennemi. D'ailleurs, si l'on compte sur les ressources du pays pour se procurer les matériaux nécessaires à la confection du tablier, pourquoi ne pas y compter également pour les corps de support? Il n'est ni long ni difficile de rassembler des bateaux, des arbres ou des tonneaux pour radeaux, ou de construire des chevalets ordinaires, selon les circonstances. Nous considérons donc l'équipage autrichien comme ayant un tablier incomplet ou comme ayant excès de corps de support.

Nous ne pensons pas qu'il soit convenable d'avoir dans un équipage de pont un nombre de chevalets supérieur ou égal à celui des bateaux. Le bateau peut être ponté sur les rivières les plus rapides et les plus profondes, sur celles dont le fond est une épaisse couche de vase; les ponts de bateaux ne craignent pas les crues les plus élevées. Il n'y a qu'un seul cas où le bateau ne puisse pas être employé, c'est quand il y a moins de 50 centimètres de profondeur d'eau; mais alors on pourrait à la rigueur se passer de pont sur la partie de la rivière qui serait si peu profonde. Les chevalets autrichiens peuvent se placer où il n'y a pas plus de 3 mètres de profondeur, et sur un courant de 2 à 3 mètres de vitesse par seconde; à ces limites la manœuvre est lente et difficile : s'il arrive une forte crue, il faut les remplacer par des bateaux; ils sont d'un mauvais usage sur les fonds vaseux; enfin, la construction du pont est beaucoup moins prompte avec les chevalets qu'avec les bateaux. Ajoutons que le passage des grandes rivières s'effectue ordinairement aux endroits où le lit est resserré, endroits profonds, et qu'il s'effectue le plus souvent dans la saison des crues. Il nous semble résulter bien clairement des considérations précédentes que l'emploi du bateau est général, que celui du chevalet est restreint, et que par conséquent le bateau doit être le principal corps de support d'un équipage, et que le chevalet ne peut être qu'un accessoire plus ou moins utile. Le chevalet, considéré comme chevalet dont on peut élever plus ou moins le chapeau dans certaines limites, c'est-à-dire comme chevalet à chapeau mobile, s'emploiera utilement aux endroits où il n'y a pas assez de profondeur d'eau pour les bateaux;

il servira à former des rampes aux culées des ponts lorsque les rives ont un escarpement de quelques mètres de hauteur, et qu'on voudra diminuer le travail nécessaire pour entailler ces rives et les raccorder avec le tablier aux abords des ponts; enfin, on pourra quelquefois en faire usage pour réparer des ponts permanents en charpente ou en maçonnerie, dont des travées ou des arches auront été rompues. Le chevalet est donc un accessoire important dans les équipages de ponts; mais les services bornés qu'il peut rendre font voir que dans la composition de ces équipages les chevalets doivent entrer dans une beaucoup moindre proportion que les bateaux, et qu'agir autrement, c'est surcharger inutilement les équipages.

Ce qui caractérise l'équipage autrichien, c'est qu'il a des bateaux divisibles en plusieurs pièces, un grand nombre de chevalets à deux pieds sans stabilité propre, et des poutrelles à entailles; poutrelles qui sont la conséquence du chevalet à deux pieds. Voilà surtout en quoi l'équipage autrichien diffère de l'équipage français, dont les bateaux sont d'une seule pièce, qui n'a que deux chevalets pour trente bateaux, et dont les poutrelles sont de simples pièces de bois prismatiques.

Nous allons comparer bateau à bateau, chevalet à chevalet et poutrelle à poutrelle, dans l'emploi de ces objets aux plus importantes opérations du service de guerre.

Le rôle du bateau est d'être chargé et transporté sur des voitures, déchargé, transporté à l'épaule par des hommes, puis lancé à l'eau; de servir à jeter des troupes de débarquement sur la rive ennemie; enfin, et c'est sa destination principale, d'être employé comme corps de support des ponts.

Les deux bateaux ayant le même rôle à remplir, nous supposerons qu'ils ne diffèrent qu'autant que leur système de construction l'exige. Ainsi, le bateau autrichien de deux pièces et le bateau français d'une seule pièce, seront supposés avoir même volume, être de bois de la même essence, avoir des planches d'enveloppe de la même épaisseur. Ce que nous voulons comparer, c'est un système de bateau à un autre système; c'est un bateau de deux pièces à un bateau d'une pièce: il convient donc de dégager la question de tout ce qui la compliquerait inutilement, et de ne pas comparer un bateau de deux pièces tout en bois de sapin et formé de planches de 22 millimètres d'épaisseur, avec un bateau d'une pièce et d'un plus grand volume, qui a des membrures en chêne et des planches de 27 millimètres d'épaisseur. Ces différences n'étant pas inhérentes à l'un ou à l'autre système, on ne doit pas en tenir compte: on doit supposer qu'il y a égalité quand il y a mêmes conditions à remplir.

Les deux pièces du bateau étant séparées, elles sont plus faciles à charger sur les voitures, à décharger et à transporter à l'épaule qu'un bateau non divisé, qui pèse à peu près autant que les deux pièces réunies. Mais si le bateau doit servir à passer des troupes, il faut, après avoir mis les pièces à l'eau, les assembler bout à bout, et perdre un temps précieux à cette opération, faite le plus souvent à la vue ou sous le feu de l'ennemi, ce qui peut faire échouer un passage de rivière, dont le succès dépend autant de la surprise que de la force. L'embarquement des troupes devant se faire par le côté de l'avant-bec du bateau, les soldats qui vont se placer dans la pièce de l'arrière, sont obligés d'enjamber la séparation qui se trouve à la jonction des deux pièces; difficulté qui occasionne encore une perte de temps, et qui se présente de nouveau au débarquement[1]. L'assemblage des deux pièces du bateau autrichien n'a pas assez de solidité, pour

1. Chaque pièce de bateau autrichien reçoit 10 hommes d'embarquement.

qu'on puisse porter à l'épaule le bateau tout assemblé et le lancer ainsi à l'eau : il faut absolument que cet assemblage ait lieu sur l'eau. Le bateau destiné au pontage, et qui est composé d'un bec et un corps, navigue fort mal à cause de la forme de sa poupe, et serait impropre à un passage de troupes sur un fleuve rapide et large. On lève, dit-on, cette difficulté en formant de deux de ces bateaux ceux destinés à jeter des troupes sur la rive ennemie, et l'on a ainsi des bateaux de quatre pièces, terminés à chaque bout par un bec et qui naviguent convenablement. Mais alors, après la mise à l'eau des quatre pièces, il faut les réunir, ce qui exige douze assemblages partiels pour les trois jonctions; et quand l'embarquement s'effectue, dix hommes ont trois séparations à enjamber, pour se rendre dans le bec de l'arrière; dix autres hommes ont deux séparations à franchir, et dix autres une seule. Ces enjambées se répètent en débarquant. Qu'on ne vienne plus nous dire que l'embarquement et le débarquement doivent s'effectuer dans toute la longueur du côté du bateau, afin de n'avoir pas à franchir les séparations; car on ne peut ignorer que ce serait un bon moyen de faire chavirer l'embarcation.

Nous avons dit que les deux pièces d'un bateau

divisé sont plus faciles à transporter à l'épaule, à charger sur la voiture et à décharger qu'un bateau d'une seule pièce, parce qu'il est évident que des pièces pesant 300 kilogrammes, sont plus maniables qu'un bateau d'environ 600 kilogrammes; mais cet avantage est plus apparent que réel, car un bateau de ce dernier poids est encore assez léger pour qu'on n'éprouve ni difficulté ni retard dans ces manœuvres.

Il résulte de ce qui précède que le passage des troupes dans les bateaux s'effectue plus promptement et plus sûrement avec les bateaux ordinaires qu'avec ceux de plusieurs pièces, puisque l'emploi de ces derniers retarde l'embarquement de tout le temps que l'on perd à assembler les pièces sous les yeux de l'ennemi, et qu'il est encore retardé par les obstacles que présentent les séparations : c'est évident, et d'ailleurs bien prouvé par des épreuves comparatives.

On a prétendu que les bateaux de plusieurs pièces employés à un passage de troupes ou sous un pont, auraient un grand avantage sur les bateaux ordinaires. En effet, disait-on, si une des pièces est frappée par un projectile qui produit une voie d'eau considérable, le bateau reste encore à flot en vertu de la force pour supporter que conservent les pièces restées intactes, tandis qu'une pareille voie d'eau fait couler à fond un bateau ordinaire.

Ce serait une erreur de croire qu'un bateau de deux pièces, chargé d'hommes ou sous un pont, ne coulerait pas à fond, si une des pièces se remplissait d'eau. Tout ce qu'on peut admettre, c'est qu'un bateau de trois ou d'un plus grand nombre de pièces, chargé d'hommes, resterait à flot pendant un passage de rivière, si la pièce, ou une des pièces du centre, venait à se remplir d'eau, à la condition toutefois que l'accident ne causerait aucun désordre et que tous les hommes embarqués resteraient immobiles, ce qu'il serait imprudent de supposer. On accorde aussi que ce même bateau sous un pont resterait encore à flot dans le même cas; mais comme il aurait perdu une partie de sa force, il faudrait le remplacer par un autre, ce qui se fait également quand un bateau ordinaire d'un pont est submergé. Tout ce qu'il reste à l'avantage du bateau de plusieurs pièces, c'est qu'un projectile qui ne toucherait qu'une des pièces ne pourrait mettre que cette pièce momentanément hors de service, tandis que le bateau ordinaire en entier pourrait être momentanément hors d'état de servir, s'il était percé par le projectile.

Un bateau de deux pièces est plus lourd qu'un

bateau ordinaire; pour s'en convaincre, il suffit d'imaginer qu'on ôte d'un bateau de deux pièces les deux bouts contigus formant la séparation intérieure, et qu'on supprime les ferrures d'assemblage; il faut en outre supposer qu'il y a continuité des planches du fond et des bordages à l'endroit de la jonction des deux pièces : le bateau de deux pièces est alors devenu un bateau ordinaire, plus léger que le premier, du poids des deux bouts et des ferrures supprimées.

Le bateau ordinaire est d'une construction simple et qui n'exige pas une grande précision, tandis qu'il doit y avoir dans les becs et les corps des bateaux autrichiens une parfaite identité de certaines dimensions, sans laquelle il serait impossible d'assembler bout à bout les deux pièces dont on veut former chaque bateau.

On ne peut pas dire que la faculté que l'on a de diviser les bateaux autrichiens en pièces qui n'ont que 4 mètres de longueur, a facilité leur transport sur les voitures, en donnant des chargements plus courts et qui ont permis de rapprocher les essieux des deux trains. Cela serait vrai pour l'équipage autrichien, si les poutrelles qui accompagnent les bateaux n'avaient pas une grande longueur ($7^{m},07$), ou si ces poutrelles pouvaient se plier en deux, comme celles à charnière de l'équipage piémontais [1]. Lorsqu'une voiture est destinée à transporter des poutrelles de 7 mètres, elle peut recevoir aussi un bateau de plus de 8 mètres de longueur, sans qu'il dépasse le bout de derrière des poutrelles, et par conséquent sans qu'il augmente la longueur du chargement. Ainsi donc, la division du bateau autrichien en pièces n'a pu influer en rien sur la longueur des voitures et de leur chargement.

Dans la construction d'un pont avec les bateaux ordinaires, les poutrelles du tablier reposent immédiatement sur les plats - bords des bateaux. Nous avons dit que dans le pont de bateaux autrichiens les poutrelles reposent sur un échafaudage ajouté au bateau et qui est composé de deux traverses, un bloc et un corps-mort : remarquons que le bateau de deux pièces qui, comme nous l'avons vu, est déjà plus lourd que le bateau ordinaire, reçoit encore un excédant de poids provenant de l'échafaudage élevé sur ses

1. La poutrelle à charnière de l'équipage piémontais a la même longueur et le même équarrissage que la poutrelle de l'équipage de réserve français ; elle pèse 66 kil., la poutrelle française ne pèse que 55 kil. : la première est d'une construction compliquée, si on la compare à la seconde, qui est une simple pièce de bois équarrie.

plats-bords pour le préparer à être ponté. On dira peut-être que cet excédant de poids est compensé par plus de légèreté des poutrelles, qui sont plus courtes, à égale longueur de travée, dans le mode de pontage autrichien que dans le mode de pontage ordinaire. Mais en même temps qu'elles sont plus courtes d'une quantité égale à la largeur du bateau, elles ont une portée plus longue de la même quantité, ce qui exige qu'elles aient un plus fort équarrissage pour que leur force horizontale soit la même, et ce qu'on a gagné en poids par la diminution de longueur, on l'a perdu par l'augmentation d'équarrissage.

Le chevalet du nouvel équipage autrichien est très-simple; il a pour pièces essentielles un chapeau, deux pieds et deux chaînes de suspension du chapeau. Après avoir mis le chapeau à la place qu'il doit occuper au pont, on introduit les pieds dans les mortaises du chapeau et on les fait couler dans ces mortaises jusqu'à ce qu'ils s'appuient sur le fond de la rivière. Cette manœuvre s'exécute facilement au moyen d'une portière de deux bateaux; les plus grandes inégalités du fond ne présentent aucune difficulté au placement du chevalet. Les pieds devant avoir peu de jeu dans les mortaises et devant pourtant y couler librement, il s'ensuit qu'il faut une assez grande précision de dimensions dans les mortaises et dans l'équarrissage des pieds.

Le chevalet à chapeau mobile de l'équipage français est difficile à bien asseoir sur un fond inégal ou en pente; mais ses pieds ayant une grande surface de contact avec le fond de la rivière, ils sont moins sujets à s'y enfoncer que ceux du chevalet autrichien garnis de leurs semelles, quand ce fond manque de fermeté. Enfin, son poids est à peu près double de celui de ce dernier chevalet.

Si nous faisons abstraction des conséquences que l'adoption du chevalet autrichien entraîne avec elle, ce chevalet nous paraît bien supérieur au chevalet à chapeau mobile français.

Il ne peut pas être ici question de comparer le chevalet autrichien au chevalet ordinaire des ponts de chevalets; l'un fait partie des équipages de ponts de bateaux traînés aux armées, l'autre est construit sur les lieux mêmes où les ponts seront établis : ils ne sont pas soumis aux mêmes conditions. Le chevalet pour équipage de pont de bateaux doit avant tout être à chapeau mobile, assez léger et facile à manœuvrer; le chevalet pour pont de chevalets doit surtout pouvoir se construire en quelques heures, avec les bois, plus ou moins convenables, que l'on trouve sur les lieux. On ne s'occupe ici du chevalet autrichien que dans ses rapports avec l'équipage de pont de bateaux. On le comparera au chevalet ordinaire pour ponts de chevalets dans l'article relatif à ces derniers ponts.

Les poutrelles de l'équipage autrichien servent également au pontage des bateaux et des chevalets, et elles s'opposent au renversement de ces derniers, qui n'ont aucune stabilité propre dans le sens latéral. Cette double propriété dont elles jouissent est due aux échafaudages élevés sur les bateaux et aux entailles des poutrelles.

Nous avons déjà fait voir que les poutrelles autrichiennes sont d'une construction compliquée, tandis que celles de l'équipage français sont tout ce qu'on peut imaginer de plus simple. Nous ajoutons que l'emploi des premières exige qu'il y ait une grande précision dans l'écartement des deux entailles de chaque poutrelle. En effet, les corps-morts des rives, ceux placés sur les bateaux et les chapeaux des chevalets, doivent entrer par encastrement dans les entailles des poutrelles; si l'écartement des entailles des cinq poutrelles d'une travée n'est pas exactement le même, l'encastrement pour quelques-unes ne pourra s'opérer qu'à force de coups de masse; quelquefois ce moyen sera insuffisant, et il faudra emporter des poutrelles et les remplacer par d'autres. Ces difficultés, qui retardent la construction du pont, ne sont pas imaginaires; elles se sont présentées dans toutes les manœuvres faites comme épreuves, et pourtant les poutrelles avaient été confectionnées à l'arsenal de Strasbourg, avec le soin qu'on apporte aux constructions dans cet établissement: il est hors de doute que les mêmes difficultés se présenteraient avec plus de gravité, si les poutrelles étaient construites à la hâte en campagne.

Dans le pontage avec les poutrelles de l'équipage français, on peut diminuer autant qu'on le veut la longueur des travées, en faisant croiser plus ou moins les poutrelles sur les corps de support. Il n'en est pas ainsi avec les poutrelles autrichiennes à entailles; toutes les travées ont nécessairement la même longueur (6^{m},636). Dès que le corps-mort de la rive de départ est placé, la position de tous les corps de support est invariablement fixée, on n'y peut plus rien changer, lors même que quelque obstacle dans le lit de la rivière semblerait l'exiger. On se trouve ordinairement fort embarrassé dans l'établissement de la deuxième culée pour achever le pont. Il n'est plus possible de fixer d'avance le corps-mort à la place qui paraît la plus convenable, ni de préparer le terrain de manière que la sortie du pont soit praticable aux voitures à l'instant même où le dernier madrier du tablier est posé : il faut attendre que le dernier corps de support soit ponté, et que les poutrelles de la dernière travée viennent montrer l'endroit précis où le corps-mort doit être rigoureusement placé; endroit qui ne conviendra peut-être pas à la hauteur des eaux, et qui pourra rendre le débouché du pont difficile. Un pont d'une grande longueur se construit souvent en le commençant par ses deux extrémités à la fois : ce serait alors un bien heureux hasard, si les deux parties du pont, qui se sont avancées l'une vers l'autre par des travées de 6^{m},636, pouvaient être liées l'une à l'autre par une travée de jonction exactement de la même longueur. On ne ferait qu'atténuer le mal sans y remédier, en compliquant l'équipage de poutrelles plus courtes, qui permettraient de former quelques travées de différentes longueurs.

Les embarras causés par l'impossibilité de varier au besoin la longueur des travées dans le pontage avec des poutrelles à entailles, se sont produits dans les épreuves comparatives, et ont fait sentir tous les avantages des poutrelles et du mode de pontage adoptés en France.

Dans le pont autrichien, les bouts des madriers ne dépassent point les guindages; ils les dépassent dans le pont français, afin d'obtenir sur chaque côté du tablier, en dehors des guindages, un chemin étroit toujours libre, et par lequel les pontonniers peuvent toujours, pendant le passage des troupes, se rendre aux endroits du pont où leur présence est utile pour sa conservation et son entretien. L'avantage du chemin des pontonniers est incontestable; mais en supprimant ce chemin, on diminue notablement la longueur et le poids des madriers, sans changer la voie du pont. Nous pensons que pour un pont destiné à être transporté sur des voitures, la légèreté est une condition assez importante pour qu'on lui sacrifie le chemin des pontonniers. Il faut alors, comme au pont autrichien, adopter un mode de guindage qui arrête les madriers par leurs bouts, et les empêche de glisser dans le sens de leur longueur, par l'effet de l'ébranlement que produit le passage des troupes.

Les haquets de l'équipage autrichien se font remarquer par leurs nombreuses ferrures et par le manque absolu d'indépendance entre les deux trains. Quant au chargement des objets sur ces voitures, il est si compliqué, qu'on parvient difficilement à l'exécuter pendant le jour, et qu'on ne pourrait effectuer cette manœuvre pendant la nuit.

Les épreuves comparatives ont fait voir que l'équipage français se prête aussi bien, sinon mieux que l'équipage autrichien, à la formation des trains pour faire voyager l'équipage par eau; elles ont aussi démontré que les deux équipages sont également propres à l'établissement des ponts volants.

L'équipage autrichien est le seul qui offre les moyens d'obtenir un tablier très-élevé, par des échafaudages de chevalets sur bateaux ou de chevalets sur chevalets, et de résoudre ainsi des problèmes dont la solution a bien pu exciter l'admiration et même l'enthousiasme, mais que la réflexion doit réduire à sa juste valeur. Les ponts entièrement formés de bateaux d'équipage se construisent très-promptement : on peut estimer le temps que dure la construction à raison de 40 minutes par 100 mètres de longueur de pont. Il faut plus de temps quand la hauteur des rives ou le manque de profondeur d'eau à certains endroits de la rivière force d'employer quelques chevalets; le pontage de ces corps de support retarde quelquefois beaucoup l'achèvement des ponts. Or, le temps qui s'écoule entre le débarquement des troupes jetées sur la rive ennemie et le moment où le pont permet à l'armée d'aller les soutenir, est évidemment un temps critique, qu'on a un grand intérêt à rendre le plus court possible. On doit donc, autant qu'on le peut, choisir un point de passage tel que le pont puisse être construit tout en bateaux, et par conséquent éviter les endroits où des rives trop élevées ou des travaux d'art obligeraient d'avoir recours à un grand nombre de chevalets, et à plus forte raison à des échafaudages de chevalets, toujours longs à établir, et qui inspirent peu de sécurité. Nous ne voulons pas nier l'utilité dont seraient les échafaudages de chevalets autrichiens dans quelques cas particuliers; cependant il nous paraît prudent de continuer à passer les rivières aux endroits qui présentent des facilités; et nous attachons peu d'importance à la faculté que donne l'équipage autrichien de jeter lentement des ponts à des endroits qui exigent que le tablier soit élevé à une grande hauteur.

Nous ne voyons pas qu'il y ait aucun avantage à construire des ponts à double ou à triple voie, en y employant des bateaux composés d'un nombre suffisant de pièces. Le pont à double voie doit être capable de supporter une charge double de celle que peut supporter un pont à simple voie; les bateaux doivent donc avoir un volume double, et par conséquent être composés d'un nombre double de pièces. Or, puisqu'un pont à simple voie est formé de bateaux de deux pièces, et que dans l'équipage de pont il y a tous les objets nécessaires au pontage de tous les bateaux de deux pièces, qu'on peut former avec ses becs et ses corps, il s'ensuit que tout équipage avec lequel on pourra faire un pont à double voie d'une certaine longueur, fournira les objets nécessaires à deux ponts à simple voie, ayant chacun la même longueur que le pont à simple voie. Dans l'exécution d'un passage de rivière en présence de l'ennemi, il n'y a pas à balancer entre un pont à double voie et deux ponts à simple voie; car il ne faut pas plus de temps pour jeter à la fois deux ponts simples que pour en jeter un seul; et la construction d'un pont double marcherait beaucoup plus lentement que celle d'un pont simple: d'ailleurs un accident qui romprait le pont double, laisserait l'armée sans aucune communication et dans une position critique, tandis que la rupture d'un des deux ponts simples n'aurait pas cette fâcheuse conséquence. Que les ponts construits avec de grands bateaux du commerce, sur les derrières de l'armée, pour établir les communications, soient à double voie, cela ne peut présenter que des avantages; mais on compromettrait imprudemment le succès du passage, si l'on tentait de jeter des ponts à double ou à triple voie en présence de l'ennemi, avec les moyens fournis par les équipages de ponts.

Résumons nos observations sur l'équipage et sur le mode de pontage des Autrichiens.

Les bateaux, les chevalets et les poutrelles de cet équipage ne sont pas des objets que l'on puisse construire à la hâte en campagne, soit pour créer promptement un équipage, soit pour remplacer quelques-uns de ces objets perdus, parce qu'il faut apporter une précision très-grande: 1.° dans la construction des bateaux, afin que les pièces qui les composent puissent s'assembler bout à bout; 2.° dans la construction des chevalets, pour que les pieds coulent aisément, et sans avoir trop de jeu dans les mortaises des chapeaux; 3.° dans la construction des poutrelles, dont l'écartement des entailles n'admet presque point de tolérance.

Les bateaux, et surtout les poutrelles, sont d'une construction compliquée.

Il n'y a point d'indépendance entre les trains des haquets; les ferrures sont trop multipliées; le chargement de ces voitures est compliqué, minutieux, long et difficile à exécuter pendant le jour et presque impossible pendant la nuit.

Les bateaux terminés carrément à la poupe

naviguent mal ; ceux composés de plusieurs pièces sont peu propres au passage des troupes de débarquement : l'assemblage des pièces exécuté à la vue de l'ennemi fait perdre un temps précieux, et les séparations qui divisent l'intérieur des bateaux sont une cause de difficultés et de retards dans l'embarquement et le débarquement des troupes.

Le système d'équipage est lourd, comparé au système français, parce qu'un bateau de deux pièces est plus lourd qu'un bateau ordinaire, et que pour le ponter il faut élever sur ses plats-bords un échafaudage destiné à supporter les poutrelles du tablier. L'équipage est d'ailleurs lourd en raison de sa composition, puisque pour chaque travée de tablier on transporte deux corps de support, un bateau et un chevalet.

Les poutrelles à entailles sont une cause de difficultés et de retards dans les opérations de pontage.

Les chevalets des équipages de ponts ne sont que des accessoires utiles : ils doivent être en bien moins grand nombre que les bateaux.

Le chevalet de l'équipage autrichien, considéré comme chevalet à chapeau mobile, est un bon corps de support, utile surtout pour remplacer les bateaux aux endroits où il n'y a pas assez de profondeur d'eau pour ces derniers; mais il manque de stabilité propre dans le sens latéral, ce qui a motivé l'emploi de poutrelles à entailles, dont les graves inconvénients ont été signalés.

Les échafaudages de chevalets sur bateaux ou sur chevalets, pour obtenir un tablier élevé, offrent peu de garantie de solidité et apportent de la lenteur dans la construction des ponts : on peut et on doit éviter d'en faire usage.

Le mode de guindage du pont autrichien paraît préférable à celui du pont français.

Il serait dangereux de construire à double ou à triple voie les ponts jetés en présence de l'ennemi.

Il résulte de l'examen auquel nous nous sommes livré, que le nouvel équipage de pont des Autrichiens ne serait pas d'un bon service à la guerre; qu'il nous offre cependant deux améliorations que nous devons nous empresser d'apporter à notre équipage français : l'une est l'adoption d'un chevalet à chapeau mobile analogue au chevalet autrichien, mais ayant une stabilité propre dans tous les sens, afin d'éviter l'emploi des poutrelles à entailles et ses fâcheuses conséquences; l'autre amélioration consiste à adopter un mode de guindage ayant les avantages de celui du pont autrichien.

Nous avons proposé pour l'équipage de pont de bateaux, et l'on a déjà soumis à des épreuves dont le résultat nous a paru satisfaisant, un chevalet composé d'un chapeau auquel sont fixées quatre coulisses en fer, et de quatre pieds qui jouent dans les coulisses du chapeau; l'inclinaison des pieds a deux de base sur cinq de hauteur dans le sens longitudinal, et un de base sur quatre de hauteur dans le sens latéral. Le chapeau est soutenu par quatre chaînes ou cordages attachés au bout supérieur des pieds et au chapeau. Ce chevalet, qui a une stabilité propre dans tous les sens, jouit des propriétés du chevalet autrichien, excepté qu'il ne peut pas servir à faire des échafaudages de chevalets sur chevalets.

Outre les deux améliorations dont nous venons de parler, notre équipage de pont de bateaux est susceptible d'en recevoir d'autres. Nous allons les indiquer.

Chargé sur un haquet avec les poutrelles d'une travée, le bateau de $9^{m},43$ de longueur dépasse le bout de derrière des poutrelles. Nous réduisons sa longueur à $8^{m},80$; il conservera encore un volume suffisant d'environ 9 mètres cubes. Alors le chargement sera aussi court qu'il peut l'être avec des poutrelles de 8 mètres de longueur, et la voiture exigera moins d'espace pour changer de direction.

Les membrures du bateau sont en chêne ; elles seront en sapin, comme dans beaucoup d'autres bateaux d'équipage. Les membrures en chêne donnent plus de durée au bateau ; mais un bateau tout en sapin suffit au service de deux ou trois campagnes : la légèreté doit l'emporter ici sur une plus longue durée.

L'épaisseur des planches du fond et des bordages est de 27 millimètres, nous la réduisons à 25 millimètres. Elle est de 20 millimètres dans le ponton français, de 22 millimètres dans le nouveau bateau autrichien : on est donc assuré qu'une épaisseur de 25 millimètres est au moins suffisante.

Par ces modifications, le poids du bateau, qui était de 750 kilogrammes, se trouve réduit à environ 600 kilogrammes, et le poids du haquet avec le bateau et les agrès qui composent le chargement de cette voiture, n'est plus que d'environ 2000 kilogrammes.

La longueur, $4^{m},20$, des madriers se trouvant réduite à $3^{m},74$ par l'adoption d'un nouveau mode de guindage, le madrier qui pesait 27 kilogr., ne pèsera plus que 24 kilogrammes. Au lieu de charger dans un chariot de parc les 36 madriers de deux travées, on y chargera 45 madriers, c'est-à-dire, le nombre de madriers nécessaires pour deux travées et demie, sans que le poids du chariot et de son chargement excède 2000 kil. Les chariots destinés au transport des madriers seront mis à hautes ridelles; on y fera toutes les autres additions nécessaires pour que le chargement soit bien assujetti dans tous les sens.

Nous supprimons dans l'équipage de pont de 30 bateaux :

1.° 2 *nacelles*. Le mouillage des ancres se fera avec les bateaux, manœuvre mise en usage depuis quelques années dans les écoles de ponts sur le Rhin. Il restera encore deux nacelles dans l'équipage, pour les reconnaissances et autres services particuliers.

2.° *Les 44 colliers de guindages et leurs 88 coins*. Les faux guindages peuvent sans aucun inconvénient être brêlés avec des commandes et des billots.

3.° *Les 2 cinquenelles*. Elles peuvent toujours être suppléées par des faisceaux de cordages d'ancres.

4.° *La sonnette*. Quand les pontonniers devront construire un pont de pilotis, espèce de pont qui exige des bois de fortes dimensions, ils auront recours aux ressources du pays pour se procurer une sonnette en même temps que les bois propres à la construction du pont.

Les modifications que l'on vient d'énumérer rendront le chargement des haquets moins long, les bateaux plus légers et d'un transport plus facile par des hommes. L'équipage sera débarrassé d'objets lourds et encombrants dont on peut se passer. Enfin, il sera notablement allégé et réduit à un moindre nombre de voitures. Chaque voiture, avec son chargement, ne pesant pas plus de 2000 kilogrammes, poids moyen entre celui de la pièce de 8 et celui de la pièce de 12, nous pensons que l'équipage aura toute la mobilité nécessaire aux divers services de guerre, et qu'on pourra abandonner sans regret l'équipage de pontons d'avant-garde et *n'avoir plus à la suite des armées qu'un seul équipage de pont.*

Quant au nombre de nouveaux chevalets à chapeau mobile à introduire dans l'équipage de 30 bateaux, en remplacement des deux anciens chevalets, nous estimons qu'il doit être de six au plus.

On attache un état-major et une ou plusieurs compagnies de pontonniers au grand équipage de pont d'une armée. L'état-major se compose d'un colonel ou lieutenant-colonel, directeur de l'équipage[1], d'un chef d'escadron, de capitaines adjoints et de gardes d'artillerie.

On attache, en outre, à chaque corps d'armée une compagnie de pontonniers, chargée de l'exécution du passage des petites rivières qu'il rencontre, soit au moyen des équipages d'avant-garde, soit en profitant des ressources locales.

DU PASSAGE DES RIVIÈRES.

La manière dont on franchit une rivière dépend de sa profondeur, du climat et de la saison, et du matériel dont on peut disposer. On passe les rivières profondes dans des bateaux, ou sur des radeaux ou sur des ponts; on peut traverser à gué les rivières peu profondes; dans les pays froids on passe les rivières sur la glace lorsqu'elle est assez épaisse; la cavalerie et des nageurs peuvent aussi, dans certaines circonstances, traverser les rivières à la nage.

Lorsqu'une rivière profonde est défendue, on tenterait vainement de construire des ponts en présence de l'ennemi et sous le feu d'enfilade de son canon; toute l'activité et la persévérance des pontonniers ne feraient pas réussir une pareille

1. L'armée du Nord, qui a fait le siége de la citadelle d'Anvers en 1832, avait un chef de bataillon pour directeur de son équipage de pont.

entreprise : les boulets détruiraient les travaux à mesure qu'on les exécuterait. On ne peut donc pas établir un pont militaire avant d'avoir éloigné l'ennemi de la rive opposée. Quand la rivière est étroite, que son cours présente des sinuosités favorables, et que la rive ennemie est dominée par l'autre, on éloigne l'ennemi par des feux croisés de batteries et d'infanterie. Les grands fleuves, tels que le Rhin et le Danube, exigent de plus grandes précautions. Il faut non-seulement chasser l'ennemi de la rive opposée, mais encore s'emparer de cette rive avant d'établir les ponts; sans quoi l'armée, obligée de déboucher sur un front très-resserré, serait exposée à être battue, et même à voir tomber ses ponts au pouvoir de l'ennemi. On fait donc précéder la construction des ponts par des débarquements de troupes; aussitôt qu'on s'aperçoit qu'elles parviennent à résister aux efforts de l'ennemi, on construit promptement les ponts, sur lesquels le reste de l'armée se hâte de passer. C'est ainsi que les plus brillants passages ont été dirigés.

Il faut connaître le cours d'une rivière, pour choisir non-seulement les endroits favorables au passage, mais encore la manière dont on la passera. Les officiers de pontonniers sont plus que tous les autres en état de bien faire une reconnaissance fournissant tous les renseignements d'après lesquels on réglera les détails d'exécution. Ils ont fait une étude approfondie des causes et des effets du mouvement de l'eau dans les rivières; ils connaissent toutes les circonstances locales qui sont favorables ou nuisibles au passage : les reconnaissances de rivières sont donc de droit dans leurs attributions.

Les endroits que l'on regarde comme étant, en général, les plus favorables aux passages de vive force, sont ceux où la rive ennemie est commandée par l'autre, lorsqu'en même temps la première de ces rives présente un saillant sur lequel on peut croiser des feux. L'ennemi se trouve alors obligé de s'éloigner, et de laisser opérer des débarquements ou même établir des ponts [1]. Les affluents servent souvent à faire les

---

1. Les coudes des rivières offrent ordinairement un *bas-fond* près de la rive saillante, d'autant plus prolongé que le coude est plus prononcé. Si le pont doit être construit avec le matériel de l'équipage de pont de bateaux et si les circonstances exigent une grande promptitude d'exécution, on choisira pour l'emplacement du pont un endroit où il y ait au moins 50 centimètres de profondeur d'eau à tous les points de la largeur de la rivière, afin d'éviter l'emploi des chevalets qui retarde la manœuvre. Cette condition fera souvent préférer les parties droites aux parties courbes du cours des rivières.

préparatifs d'un passage que l'on va effectuer un peu au-dessous de leur confluent. Les îles offrent aussi l'avantage de masquer les préparatifs lorsqu'elles ne sont pas au pouvoir de l'ennemi. Il faut éviter les endroits que l'on ne pourrait pas facilement faire communiquer avec des débouchés par terre, ou ceux dont les abords sont marécageux. Les rives escarpées et trop élevées sont des obstacles. On doit encore s'éloigner du confluent des rivières qui coulent dans le pays occupé par l'ennemi : il ne manquerait pas de rompre les ponts au moyen de masses flottantes, qu'il abandonnerait au courant de ces affluents.

La reconnaissance d'une rivière doit indiquer sa largeur en divers endroits et la vitesse ordinaire du courant.

La largeur se mesure par des procédés tirés de la géométrie pratique et qui n'exigent que l'emploi de quelques jalons. Les graphomètres, planchettes, boussoles, etc., ne se portent pas communément à la guerre, parce qu'ils sont embarrassants et trop délicats. Il serait à désirer que l'on inventât un instrument portatif avec lequel un homme placé sur la rive pût mesurer la largeur de la rivière sans changer de place. Il existe des lunettes d'approche faites dans cette intention ; le tube mobile qui porte le dernier oculaire est gradué.

Lorsqu'on a déployé la lunette de manière à voir un objet le plus nettement possible, on trouve sur le tube gradué une cote indiquant la distance de l'objet à l'observateur. Cet instrument serait précieux s'il était susceptible d'une exactitude suffisante; mais il est impossible de bien saisir la distance qu'il faut mettre entre l'objectif et le dernier oculaire pour que l'objet soit vu le plus distinctement; et cependant de petites différences dans cette distance répondent à de très-grandes dans la distance dont on cherche la mesure. Les officiers de pontonniers s'habituent à estimer à vue la largeur des rivières : il faut avoir l'œil très-exercé pour ne pas commettre d'erreurs considérables.

La vitesse du courant varie dans chaque rivière avec la hauteur des eaux : elle augmente dans un moindre rapport que la masse d'eau. La vitesse que l'on mesure est celle à la surface; c'est à la surface que les filets d'eau sont animés de la plus grande vitesse; cette vérité vient encore d'être confirmée par des expériences récemment faites sur le Rhin. On déduirait au besoin de cette vitesse la vitesse moyenne, c'est-à-dire, celle qu'il faut multiplier par la section transversale du courant pour avoir la dépense d'eau; car cette dernière vitesse est, à très-peu de chose près, égale aux $\frac{4}{5}$ de la vitesse à la surface. Il existe plusieurs instruments propres à mesurer la vitesse d'un courant : le moulinet très-léger en fer-blanc, dont les ailes, trempées à peine dans le fluide, prennent une vitesse de rotation sensiblement égale à celle de l'eau; le *strom-messer*, appareil du même genre, mais plus compliqué, imaginé en 1790 par Woltmann, et dont les Allemands font grand cas; le tube de Pitot, dans lequel l'eau s'élève à la hauteur due à la vitesse du courant; le quart de cercle, qui sert à estimer la vitesse par l'angle que fait avec la verticale un fil attaché au centre du quart de cercle et qui supporte une petite boule en métal que l'on plonge dans l'eau. Tous ces instruments sont plus ou moins imparfaits. Le moyen le plus simple est celui que l'on emploie à la guerre; il consiste à jeter dans le courant un morceau de bois flottant d'une densité presque égale à celle de l'eau, et à compter le temps qu'il met à parcourir un espace correspondant à une distance mesurée sur la rive : la vitesse du courant est égale à l'espace parcouru divisé par le temps. Les officiers de pontonniers s'exercent à juger à vue de la rapidité des rivières, rapidité qui ne varie qu'entre des limites assez rapprochées, puisque l'on ne rencontre que très-rarement des vitesses au delà de 3 m. par seconde.

L'attention de l'officier qui reconnaît une rivière doit se porter particulièrement sur les gués. Les gens du pays les connaissent et les indiquent; mais il faut vérifier leurs renseignements. La qualité d'un gué dépend surtout de la nature du fond de la rivière : les meilleurs ont un fond de gravier ferme; le gravier fin et le sable mouvant constituent un mauvais fond, qui se creuse pendant le passage; les plus mauvais gués ont un fond vaseux.

On joint ordinairement la ruse à la force pour traverser les rivières, malgré la défense que l'ennemi voudrait opposer. Le stratagème que l'on emploie presque toujours avec succès, est bien vieux et connu de tout le monde, mais il ne sera jamais usé : c'est celui des feintes ou des attaques simulées. On attire l'attention et les forces de l'ennemi sur un ou plusieurs points, par des préparatifs ostensibles, et l'on va rapidement exécuter le passage à un endroit sans défense ou faiblement défendu. C'est ainsi, par exemple, que Moreau attaqua un camp retranché en avant de la tête de pont de Mannheim avec des troupes qui vinrent en hâte effectuer le passage du Rhin à Kehl.

Passages dans des bateaux et sur des radeaux.

Cette manière de passer une rivière s'emploie avant la construction des ponts, comme on l'a déjà dit; elle suffit seule toutes les fois qu'on n'a pas besoin de communications bien établies. Peut-être doit-on effectuer ainsi, près de leur embouchure, le passage des fleuves très-larges et celui des bras de mer, sur lesquels ils est impossible de conserver longtemps des ponts. Il est vrai que Xerxès parvint à en établir d'environ 1300 mètres de longueur, sur le détroit des Dardanelles; mais on sait qu'à peine achevés, ils furent rompus par une tempête, et qu'ayant été refaits, une seconde tempête les détruisit quelque temps après le passage de l'armée. Il semble que dans ce cas il vaut mieux avoir pour communication et pour assurer sa retraite, une flottille qui ne court presque aucun danger, que des ponts dont l'existence est précaire.

Le passage de l'infanterie dans de petits bateaux, tels que ceux de l'équipage de campagne, est une opération très-prompte, et que l'on peut exécuter presqu'à l'insu de l'ennemi. Pour qu'elle réussisse bien, voici les soins que l'on prescrit d'observer. Lorsqu'il est possible de cacher les apprêts du passage et l'embarquement des troupes, soit dans un affluent, soit derrière une île, on profite de cet avantage. Sinon, les bateaux sont transportés sur les haquets, pendant la nuit, le plus près possible de la rivière, et déchargés à terre, en prenant les précautions nécessaires pour que l'ennemi ne s'aperçoive point de ces préparatifs; un peu avant le point du jour, les bateaux sont transportés en silence par des hommes et mis à l'eau; l'embarquement s'effectue sans retard, et les pontonniers conduisent les bateaux à la rive opposée.

Les radeaux, au défaut de bateaux, peuvent servir à passer des troupes. Tous les corps qui comprennent, sous un certain volume, une masse beaucoup moins pesante que ce même volume d'eau, sont propres à former des radeaux; tels sont les arbres de bois léger et les corps creux, comme les tonneaux, les caisses hermétiquement fermées et les outres.

Charles XII, roi de Suède, a souvent employé d'énormes radeaux en corps d'arbres de sapin. Alexandre a passé beaucoup de fleuves considérables avec des radeaux composés d'outres faites avec les peaux qui servaient à couvrir ses soldats; elles étaient remplies de paille ou de feuilles sèches. Des radeaux d'outres, ne contenant que de l'air refoulé, servent encore aujourd'hui, sous le nom de *Kélecs*, à la navigation du Tigre et de l'Euphrate. Il est fait mention dans l'histoire du Bas-Empire, d'un radeau formé de planches, soutenues par du liége et des vessies de bœufs, sur lequel quatre-vingts hommes traversèrent le détroit de Gallipoli et firent cinq lieues en mer.

La cavalerie peut aussi passer une rivière au moyen de bateaux ou de radeaux. Les cavaliers s'embarquent et traînent leurs chevaux à la nage, en les tenant par la longe. Quand le trajet est très-long, les cavaliers ont l'attention de soulever la tête des chevaux avec une main. Le passage le plus remarquable exécuté de cette manière, est celui rapporté par Plutarque. Cet auteur dit que les Corinthiens firent traverser ainsi à leurs chevaux le détroit, d'environ deux lieues de largeur, qui sépare Reggio de la Sicile. Lorsqu'on embarque des chevaux dans un bateau, rien n'est plus imprudent que de les placer dans le sens de la longueur du bateau, parce que le roulis renverse sur le côté les chevaux ainsi placés : on a vu des embarcations submergées par cette cause. Il n'y a aucun accident à craindre, lorsqu'on met les chevaux en travers du bateau.

Pour passer de l'artillerie dans des bateaux, on la démonte : on la passerait dans des bacs ou sur de grands radeaux, sans la démonter.

Passages sur les ponts militaires.

Il est prudent de passer les rivières sur plusieurs ponts à la fois : le passage s'effectue plus promptement que sur un seul, et avec plus d'ordre. On affecte dans ce cas un des ponts aux voitures et bagages. En 1809, Napoléon passa le Danube sur un seul pont ; il fut rompu par l'ennemi, et le manque de communication força d'abandonner le champ de bataille d'Esslingen. Six semaines plus tard, il passa de nouveau le même fleuve sur plusieurs ponts, que l'ennemi ne parvint pas à détruire.

On met ordinairement les ponts à l'abri des attaques par terre de l'ennemi, en couvrant leurs abords par des têtes de ponts. Ces ouvrages de fortification passagère sont construits par le génie.

Les ponts militaires sont loin d'avoir la solidité des ponts permanents, pour lesquels on n'a épargné ni le temps ni la dépense : on ne voudrait pas sans doute comparer des ponts de petits bateaux d'équipage, par exemple, aux ponts en charpente; mais tels qu'ils sont, nos ponts militaires offrent à une armée le moyen de passer les rivières sans aucun danger, si l'on observe pendant le passage les règles établies pour la sûreté des ponts et des passants.

L'infanterie rompt le pas. Si les hommes marchaient au pas, ils occasionneraient un mouvement de balancement latéral progressif, qui finirait par les faire tomber, et qui pourrait rompre le pont. Les ponts suspendus et les ponts flottants sont les plus susceptibles de prendre ce mouvement. Le balancement est nul, quand les hommes passent le pont en courant; il est encore nul, quand la troupe passe sur deux rangs, au pas cadencé, mais en marchant de manière qu'un rang pose le pied droit quand l'autre rang pose le pied gauche.[1]

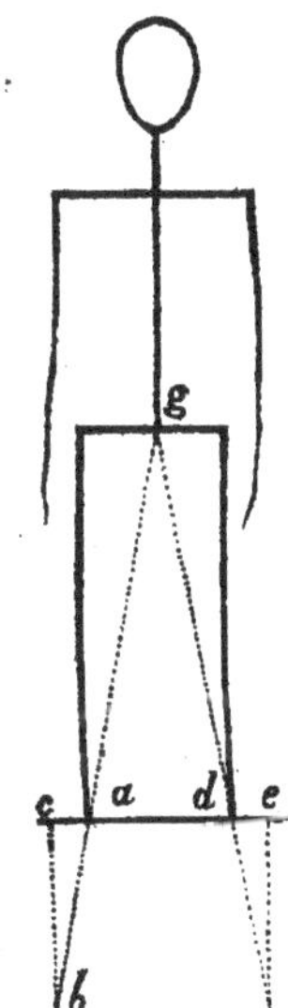

1. Quand un homme marche droit devant lui, les traces de son pied droit sont sur une ligne et celles de son pied gauche sur une autre ligne, parallèle à la première et plus ou moins éloignée de cette première ligne.

Le poids de l'homme peut être supposé appliqué à son centre de gravité g. Lorsque le pied droit pose en a, l'action provenant du poids de l'homme et du choc que son pied imprime au pont agit suivant la ligne inclinée $g\ a$. Représentons cette action ou cette force par $a\,b$: on voit que la force $a\,b$, considérée comme résultante, a une composante horizontale $a\ c$ qui agit latéralement et qui tend à imprimer au pont un mouvement latéral dans le sens $a\,c$. Quand l'homme posera

Le balancement cesse quand les troupes qui marchent sur le pont s'arrêtent.

Les cavaliers mettent pied à terre et conduisent leurs chevaux par la bride, pour mieux les empêcher de trotter. Il en est de même des con-

---

le pied gauche en *d*, il produira une force latérale *de* égale à la force *ac* et agissant en sens contraire.

Supposons que 100 hommes marchent très - lentement au pas cadencé sur un pont, le pont est alternativement poussé d'amont en aval et d'aval en amont par des forces égales à 100 *ac* et prend (s'il en est susceptible) un mouvement de balancement dans ces deux sens. Ce mouvement devient progressif; car les hommes, pour ne pas perdre l'équilibre, écarteront davantage les jambes, ce qui donnera plus de grandeur aux forces *ac* et *de* : ainsi le balancement même devient une cause de balancement.

Si les hommes rompent bien le pas, c'est-à-dire, si 50 hommes posent le pied droit au moment où les 50 autres posent le pied gauche, il en résulte deux forces 50 *ac* et 50 *de* égales et directement opposées, agissant simultanément, qui se détruisent, et il n'y a aucun balancement.

Si les hommes passent sur le pont en courant, il est probable que le pas est rompu; d'ailleurs ne le fût-il pas, les forces *ac* et *de* sont produites à des instants si rapprochés que les balancements n'ont pas le temps de s'effectuer.

On voit qu'un pont est d'autant plus facile à mettre en mouvement, c'est-à-dire, d'autant plus balançant, qu'il est plus léger. La forme de ses corps de support influe aussi sur le balancement, qui sera d'autant plus fort que ces ducteurs d'attelages; mais on laisse à cheval le conducteur des chevaux du timon, afin qu'il dirige plus facilement la voiture.

Les voitures se suivent en file au milieu de la largeur du pont.[1] On a soin d'empêcher qu'il

---

corps de support éprouveront moins de résistance à déplacer l'eau. Il ne faut pas croire que le meilleur équipage de pont de bateaux soit celui qui serait le plus léger possible et dont les bateaux approcheraient le plus d'avoir la forme du solide de moindre résistance; car les ponts faits avec cet équipage auraient un balancement dangereux.

La force du courant est un obstacle au mouvement du pont d'aval en amont; aussi a-t-on remarqué que le balancement est d'autant plus fort que le courant est moins rapide.

On diminue le balancement d'un pont en fixant à la partie plongée de ses corps de support des objets qui augmentent la résistance que les corps de support opposent au courant, ou qu'ils éprouvent à se mouvoir dans une eau tranquille. L'expérience en a été faite sur le pont de pontons d'avant-garde, le plus balançant de nos ponts militaires flottants.

Quelques expériences tendent à faire croire qu'on ne diminue pas le balancement en assujettissant le pont entre des cordages d'ancres d'amont et d'aval bien tendus. On a même observé que le mouvement était beaucoup moindre lorsqu'on supprimait entièrement les cordages d'aval.

1. Outre le mouvement de balancement latéral dont il a été question, et qui est particulièrement produit par le passage des hommes et des chevaux, les ponts flottants sont encore sujets à deux autres mouvements, qui se re-

n'en passe pas en même temps dans les deux sens, parce qu'un pont militaire est ordinairement trop étroit pour que deux voitures puissent se croiser, sans occasionner au moins de l'embarras.

L'infanterie, la cavalerie et les voitures ne doivent jamais passer l'une à côté de l'autre, ni se croiser.

On prend des précautions pour faire passer des troupeaux de bœufs sur les ponts militaires, parce que ces animaux ont l'habitude de se serrer en masse : c'est pourquoi on n'en laisse passer que cinq ou six à la fois.

---

marquent surtout lors du passage des voitures, l'un de déversement latéral, l'autre d'ondulation dans le sens vertical.

Le déversement est dû aux fardeaux qui s'écartent du milieu de la largeur du tablier et qui, reportant vers un des bouts du bateau ou radeau le centre de gravité de la charge totale qu'ils supportent, font plonger ce bout. Le déversement est d'autant plus grand que la charge s'écarte davantage du milieu de la largeur du pont ; qu'elle est plus considérable par rapport au poids de chaque travée du pont ; que les corps de support ont moins de volume ou sont placés à de plus grands intervalles.

Le mouvement d'ondulation provient de l'enfoncement successif des bateaux ou radeaux à mesure que la charge passe sur chacun d'eux. On voit qu'il dépend du poids du fardeau et de sa longueur ; de la surface des sections horizontales faites à différentes hauteurs dans les corps de

Les hommes, les chevaux, les voitures ne doivent point s'arrêter sur les ponts. Si des voitures se croisent et barricadent le pont, il vaut souvent mieux sacrifier la moins importante et la jeter dans la rivière, que de laisser durer ce dangereux désordre, qui ne manquerait pas de s'accroître de plus en plus.

Il ne faut jamais empêcher les passants de déboucher d'un pont : on occasionnerait ainsi une foule qui le surchargerait. Quand des raisons engagent à interrompre le passage, c'est à l'entrée du pont qu'on doit le faire et jamais à sa sortie.

---

support ; de l'intervalle entre ces corps et de la liaison qui existe entre eux.

Quant à l'effet de la liaison entre les corps de support, il est facile de l'estimer dans un cas donné. Par exemple, plaçons sur le tablier d'un pont de bateaux d'équipage, au-dessus d'un des bateaux, un poids de 3000 kil. ; mesurons l'enfoncement qui en est résulté pour ce bateau et calculons le volume d'eau déplacé par cet enfoncement. En retranchant de 3000 kil. le poids de ce volume d'eau, on trouve la partie du poids du fardeau que les autres bateaux du pont supportent en raison de la liaison des bateaux. Les enfoncements des autres bateaux du pont peuvent au reste servir à calculer la partie du poids supportée par chacun d'eux.

Le mouvement d'ondulation fatigue les ponts et augmente le tirage des voitures.

6

En 1812 on interrompit le passage sur le pont de la Bérésina, afin de conserver le pont libre pour le 9.e corps d'armée qui était attendu. Il en résulta une foule immense à l'entrée du pont, et bientôt après un monceau de cadavres gelés, dans lequel il fallut faire une tranchée pour laisser passer le 9.e corps. Si la force employée à interrompre le passage, l'eût été à forcer la foule de s'écouler, en passant rapidement sur le pont, on aurait compté des milliers de victimes de moins, et le passage du 9.e corps n'aurait rencontré aucun obstacle.

Passages à gué.

Les rivières guéables en beaucoup d'endroits sont faciles à traverser; mais l'armée, après son passage, doit jeter des ponts pour assurer ses communications et sa retraite; car il serait imprudent de trop compter sur des gués, que les crues un peu considérables font disparaître. On peut, jusqu'à un certain point, prévoir les crues d'une rivière et leur durée, lorsque l'on connaît bien la topographie du pays où elle prend sa source, et de celui qu'elle arrose dans l'étendue de son cours. Si la source est dans des montagnes, la rivière se trouve sujette à deux crues périodiques, l'une à l'époque de la première fonte des neiges, l'autre quand le reste des neiges se fond par les grandes chaleurs. Toutes les rivières ont en outre des crues extraordinaires dans le temps des grandes pluies. Les crues se font sentir moins subitement et durent plus longtemps lorsque la source est dans un pays boisé, que lorsqu'elle est dans un pays non boisé.

La profondeur des gués ne doit guère dépasser 1 mètre pour l'infanterie et 1^{m},30 pour la cavalerie. Quand le fond n'est pas très-ferme, il faut bien se garder de faire passer l'infanterie après la cavalerie : les chevaux creuseraient le gué et le rendraient impraticable pour les hommes. Si le courant est rapide, et que la profondeur du gué fasse craindre que les fantassins soient entraînés par le courant, on fait border le gué en aval par une ligne de cavaliers, qui sont prêts à les secourir. Les chevaux qui restent de pied ferme dans une rivière rapide, et les hommes qui la passent à gué, doivent avoir la tête levée et ne point regarder couler l'eau; car ils pourraient avoir la vue troublée et se noyer.

Il ne faut pas que les troupes passent au gué en se serrant en masse, parce qu'elles formeraient une espèce de barrage qui, arrêtant le cours de l'eau, la forcerait de s'élever en amont, et que la pression du fluide finirait par renverser tout ce qui s'opposerait à son écoulement.

Les anciens ont rendu guéables des rivières profondes et rapides, en déversant une partie de leurs eaux. C'est en creusant des canaux déversoirs que Crésus diminua la profondeur du fleuve Halis et le passa à gué; que Cyrus abaissa les eaux de l'Euphrate et surprit Babylone, et que César rendit la Sègre guéable.

Passages sur la glace.

Les passages sur la glace sont très-fréquents dans les pays froids. Pendant les hivers très-rigoureux, la plupart des rivières de France gèlent quelquefois assez fortement, pour que la glace qui les couvre puisse supporter des voitures pesantes.[1]

---

1. Les causes qui influent sur la congélation des rivières sont : l'intensité du froid, sa durée, la hauteur des eaux et la vitesse du courant.

Le froid que l'eau des rivières éprouve pendant les nuits sereines est plus grand que ne l'indique un thermomètre placé dans l'air, à cause du rayonnement du calorique de l'eau vers le ciel. C'est par l'effet de ce rayonnement que M. Arago explique l'anomalie que présentent les faits suivants. En 1762, la Seine fut totalement prise après six jours de gelée, pendant lesquels la température moyenne était de — 3°,9 centigrades et la plus basse de — 9°,7 ; tandis qu'en 1748, cette rivière coulait encore

Une armée qui passe une rivière sur la glace, est exposée à voir sa communication coupée par un adoucissement subit de la température; ce qui serait d'autant plus fâcheux pour elle, qu'il n'est pas possible d'établir de communication d'aucune espèce pendant plusieurs jours que dure la débâcle des glaces. Sur les fleuves, tels que la Vistule, les ponts de pilotis, même les plus solides, sont entraînés par les glaçons.

Il ne faut point passer aux endroits où la glace ne pose pas bien sur l'eau.

Lorsque la glace n'a pas assez de force, on augmente promptement son épaisseur à l'endroit où l'on veut effectuer le passage, en la couvrant d'un lit de paille sur laquelle on verse de l'eau.

Si l'on a lieu de craindre que la glace ne se

---

après huit jours d'une température moyenne de — 4°,5 quoique le thermomètre se fût abaissé jusqu'à — 12°. Cependant à ces deux époques la hauteur des eaux, et par conséquent aussi leur vitesse, étaient absolument les mêmes. Mais les six jours de gelée de 1762 furent parfaitement sereins, tandis qu'en 1748 le ciel était ou nuageux ou totalement couvert. En ajoutant, dit M. Arago, 10° ou 12°, comme effet du rayonnement, au froid indiqué par le thermomètre en 1762, on trouvera que, nonobstant l'indication de l'instrument, l'eau, dans cette année, a éprouvé, à la surface du moins, un froid beaucoup plus vif qu'en 1748.

brise sous les roues des voitures, on met des planches en long sur les traces que les roues doivent suivre. On soulage encore la glace, en faisant passer les affûts sur des traîneaux.

A huit centimètres d'épaisseur, la glace porte les hommes, les chevaux passant en file et les voitures très-légères; à seize centimètres, elle porte les plus lourdes voitures d'une armée.

Les armées françaises ont passé sur la glace des rivières considérables, telles que le Rhin, la Vistule et le Niémen.

Passages à la nage.

Ces passages ne sont exécutés que par de bons nageurs et par la cavalerie. Les premiers n'ont que des armes très-légères, des lances, des sabres, des pistolets, à moins qu'ils ne puissent se procurer quelques barques ou composer de petits radeaux, qu'ils chargent de leurs fusils, gibernes et vêtements, et qu'ils mènent eux-mêmes, en nageant jusqu'à la rive opposée au moyen de cordes. C'est ainsi qu'à différentes époques des nageurs français ont passé la Linth, le Danube et le Duéro.

La cavalerie passerait presque toutes les rivières à la nage, sans beaucoup d'accidents, si on lui faisait pratiquer davantage cet exercice. On prescrit aux cavaliers de détacher la gourmette de leurs chevaux; de les diriger obliquement, en suivant un peu le cours de l'eau; de ne pas trop lâcher la bride, de crainte qu'elle n'embarrasse les pieds des chevaux, et surtout de ne pas la tirer de manière à les renverser. Quand Louis XIV fit exécuter son passage du Rhin, 6000 cavaliers traversèrent ce fleuve à la nage; un certain nombre furent emportés par le courant et se noyèrent.

Du temps de César, l'infanterie espagnole avait coutume de passer les rivières à la nage. Le fantassin se couchait le ventre sur son bouclier, soutenu par deux outres sur lesquelles il attachait ses vêtements. C'est sans doute ce qui a inspiré l'auteur de l'*Essai sur le mécanisme de la guerre,* lorsqu'il a proposé de donner au fantassin une outre, dont il formerait habituellement l'enveloppe de ses effets. Pour l'employer au passage d'une rivière, il en sortirait ce qu'elle contient, et la remplirait d'air refoulé au moyen d'une pompe à vent; il gagnerait le bord opposé, en montant à cheval sur son outre, et ramant seulement avec la paume de la main.

Les *scaphandres*, c'est-à-dire les corsets ou ceintures de liége, ou d'autres matières légères, sont très-commodes pour traverser à la nage les fleuves les plus larges et les plus rapides. On remarque parmi les inventions de ce genre un corset pesant 5 kilogrammes, formé de quatre plaques de liége, appliquées sur le dos et sur la poitrine; une ceinture de deux décimètres de largeur, composée d'environ 800 bouchons enfilés, recouverte d'une enveloppe en toile cirée et attachée au corps du nageur par trois courroies, passant entre les cuisses et sur les épaules.[1]

Quelques nageurs revêtus de scaphandres en liége ont exécuté, en 1804, sur la Seine, l'exercice à feu du mousqueton et du pistolet, et différentes évolutions militaires. Ils ont passé et repassé quarante hommes avec armes et bagages, en les entraînant derrière eux.

Des hommes exercés à se soutenir dans l'eau en marchant avec des *patins-nageoires*, peuvent traverser les rivières, même sans savoir nager, et faire feu de leurs armes pendant le trajet.[2]

---

1. La pesanteur spécifique du liége étant le quart de celle de l'eau, le scaphandre en liége peut supporter le triple de son propre poids. Ainsi, par exemple, un scaphandre de 5 kilogrammes peut supporter 15 kilogrammes : il soulage donc de 15 kilogrammes le nageur qui en est revêtu.

2. Voici la description de ces patins, extraite du Moniteur de l'armée, numéro du 21 août 1842.

« Les patins-nageoires forment une chaussure nautique composée de deux parties : la *nageoire* proprement dite

Les Patzinaces, peuple qui habitait anciennement les bords du Danube, vers son embouchure, passaient ce fleuve d'une manière bizarre. Chaque homme, assis sur une outre avec sa selle et ses armes, tenait la queue de son cheval, qui nageait devant. Montécuculli rapporte que depuis des siècles les Tartares sont dans l'habitude de traverser les rivières les plus rapides, en s'attachant à la queue de leurs chevaux.

Folard, dans ses Commentaires sur Polybe, propose d'attacher à chaque cheval une outre désenflée de chaque côté au-dessous de la selle. Le cavalier, arrivé sur le bord de la rivière, enflerait ses peaux l'une après l'autre, sans mettre pied à terre. Le cheval, soutenu sur l'eau par ces outres, nagerait, dit-il, facilement.

CONSTRUCTION DES PONTS.

On forme les ponts militaires, soit avec les

---

et la *sandale*. La nageoire est formée de lames en bois très-minces, qui, placées dans le sens de la largeur du pied, se couchent et se relèvent au gré de l'eau, sur deux montants. Sa longueur est à peu près du double de celle du pied, sa largeur est du triple. Ce n'est pas arbitrairement que ces dimensions ont été adoptées. Si la nageoire est trop petite, elle produit peu d'effet, ou bien il faut précipiter les mouvements, car elle n'est pas en rapport avec la force musculaire; si, au contraire, elle équipages de campagne, soit avec des matériaux trouvés dans le pays où l'on fait la guerre. Une armée est souvent dépourvue d'équipages de ponts de bateaux; d'ailleurs ces équipages sont à peine composés du nombre de bateaux nécessaires pour jeter un seul pont sur une rivière considérable; et quand un tel pont a servi au passage d'une rivière, il faut le relever et le remplacer par d'autres ponts de communication, sans quoi l'armée, laissant derrière elle ses équi-

---

dépasse en grandeur les limites convenables, on obtient, il est vrai, un support plus résistant, mais aux dépens de la facilité des mouvements en général, et, surtout, des mouvements de *retour*. La résistance du patin dans ces derniers mouvements, c'est-à-dire, quand on le ramène à soi, provient aussi de la largeur des lames : plus elles sont petites et par conséquent nombreuses pour former la même surface totale, plus elles augmentent le tirage; mais, d'un autre côté, les lames se couchant plus vite, l'effet de la nageoire se fait sentir plus directement sous les pieds. La sandale, à laquelle s'applique la nageoire, est une semelle composée de deux montants liés entre eux, soit par du liége, soit par un morceau de bois léger. Sa largeur est celle du pied; ses dimensions sont proportionnées, d'ailleurs, comme celles de la nageoire dont nous venons de parler, à la grandeur du pied qui doit s'en servir. Cette sandale est, en outre, garnie d'un talon fixe et de deux brides mobiles; l'une maintient le devant du pied, l'autre passe par-dessus le coude-pied. Celle-ci est la seule pages, n'aurait plus de moyens de passer les rivières qu'elle rencontrerait dans sa marche. Ainsi donc, qu'une armée ait ou non des équipages de campagne, elle sera forcée de tendre sur toutes les rivières des ponts formés avec les ressources du pays qui est le théâtre de la guerre. Lorsqu'un corps de troupes arrive sans équipage sur le bord d'une rivière qu'il doit se hâter de traverser, le général presse l'officier de pontonniers d'établir sans délai un pont ou tout autre

---

qu'il soit nécessaire de relâcher pour se déchausser.

« En enfonçant le pied dans l'eau, les lames de la nageoire sont forcées de tourner sur leurs charnières et de s'appliquer l'une contre l'autre, se disposant, pour ainsi dire, comme les écailles d'un poisson. Elles opposent alors une grande surface, qui est le point d'appui du nageur, et sous laquelle l'eau résiste et s'échappe lentement. Si, au contraire, on lève le pied, la pression de l'eau ne s'exerçant plus que du côté opposé, les lames reprennent naturellement leur position verticale, et ne présentent plus à l'eau que leurs parties coupantes. La résistance est donc faible ou presque nulle quand on lève le pied ; elle est très-grande quand on l'abaisse, et d'autant plus forte qu'on enfonce le pied plus vivement. Il est aisé de comprendre la puissance d'action que doit donner au nageur le mouvement alternatif des deux pieds, mouvement semblable à celui qu'ils exécutent en montant un escalier. »

En faisant usage de ces patins, l'homme a près du tiers du corps hors de l'eau.

moyen de passage. Quoique l'ennemi, dans sa prévoyance, ait fait disparaître presque tout ce qui pourrait servir à opérer, l'officier de pontonniers, fertile en expédients, doit profiter des ressources qu'on n'a pas pu détruire, et en tirer le parti le plus avantageux, selon les circonstances et les localités; il doit par une infatigable activité franchir tous les obstacles qui ne sont pas insurmontables.[1]

Les ponts militaires sont de différentes espèces; les principaux sont les ponts de bateaux, ceux de radeaux, de chevalets, de pilotis, de cordages ou de chaînes suspendus; de plus, on donne le nom de ponts volants ou de trailles à des corps flottants retenus par des cordages, et que l'action du courant fait aller d'une rive à l'autre. Chaque espèce de pont a des qualités particulières, et

---

1. Un général turc ne pouvant exécuter l'ordre qu'on lui avait donné de construire un pont sur la Drave, reçut de Soliman II une bande de toile sur laquelle étaient écrites ces paroles pressantes : « L'empereur Soliman, ton maître, « te dépêche, par le courrier que tu lui as envoyé, l'ordre « de construire un pont sur la Drave, sans avoir égard aux « difficultés que tu pourras trouver. Il te fait savoir, en « même temps, que si ce pont n'est pas fini à son arrivée, « il te fera étrangler avec le morceau de toile qui t'annonce « ses volontés suprêmes. »

ne s'emploie que dans certaines circonstances relatives au plus ou moins de largeur, de profondeur et de rapidité de la rivière. Le temps et les matériaux dont on peut disposer, influent encore sur le choix de l'espèce de pont que l'on établit.

On tend généralement les ponts en ligne droite. Quelques auteurs ont prétendu que les ponts construits sur les rivières rapides sont plus solides lorsqu'ils font au milieu un angle, dont la pointe est opposée au courant, ou lorsqu'ils ont une courbure dont la convexité se trouve en amont. En adoptant ce mode de construction, ils ont voulu que le pont formât une espèce de voûte. Mais la grande flexibilité des ponts flottants rend cet avantage illusoire; on ne peut d'ailleurs pas former cette voûte avec des poutrelles longues et droites, sans compliquer la construction du pont ou sans diminuer la solidité que l'on recherche. L'idée de briser ou de courber la direction des ponts est due, selon toute apparence, à un habitant de Crémone, qui conseilla, en 1702, de donner une forme angulaire au pont qu'il voyait jeter sur le Pô, devant cette ville. *On suivit son conseil,* dit le chevalier Folard, *et l'on s'en trouva bien.* Ce n'est pas que l'on ne puisse construire un pont courbé, résistant au courant de la même manière qu'une voûte résiste au poids dont on la charge : nous en citerons un pour exemple, en parlant des ponts de radeaux; mais sa construction diffère essentiellement de celle des ponts ordinaires.

Un pont doit être capable de résister à deux efforts distincts : l'un vertical, provenant des fardeaux qui passent sur le tablier, et qui tend à submerger ou à écraser les corps de support et à rompre le tablier; l'autre horizontal, dû à l'action du courant et du vent contre le pont.

Les ponts résistent bien à l'effort vertical lorsque les corps de support ont assez de volume et de force pour ne pas être submergés ou écrasés par cet effort, et lorsqu'en même temps les pièces de bois qui composent le tablier ont un équarrissage suffisant. L'équarrissage de ces pièces se déduit de la résistance dont elles doivent être capables, par des formules connues, qui s'accordent avec les résultats d'un grand nombre d'expériences.

L'action du courant contre des ponts composés de corps de support égaux est proportionnelle au nombre des corps de support, ou à l'étendue de la surface frappée par le courant (on suppose que le courant a la même vitesse dans toute la largeur du cours d'eau); elle est aussi proportionnelle au carré de la vitesse du courant. L'action du vent suit des lois semblables. L'ancrage est le moyen de résistance que l'on oppose aux efforts que le courant et le vent exercent contre un pont flottant. Pour diminuer autant que possible ces efforts, on doit employer le moindre nombre de corps flottants de dimensions données, et par conséquent mettre entre eux le plus grand intervalle possible, en satisfaisant toutefois aux autres conditions de solidité du pont.

Les ancres ne donnent un bon ancrage que sur les fonds qui ont quelque dureté, et dans lesquels pourtant les pattes peuvent pénétrer. Sur les fonds de gravier très-ferme ou de roches unies, les ancres ne *prennent* point; elles chassent dans un fond vaseux ou sablonneux, et s'y enfoncent souvent à une assez grande profondeur, pour qu'il soit impossible de les en retirer. Dans ces cas on emploie, au lieu d'ancres, des masses très-lourdes, comme des blocs de pierre, des meules de moulin, des paniers ou des caisses remplis de matières pesantes.

On calcule facilement le poids que peut supporter un bateau ou un radeau, d'après ce principe connu d'hydrostatique, que tout corps flottant déplace un volume d'eau dont le poids est égal à celui du corps flottant. Ce principe est admis, quoiqu'on prétende qu'un bateau chargé qui passe d'une rivière affluente peu rapide dans un fleuve beaucoup plus rapide, cale sensiblement davantage dans le fleuve que dans l'affluent. Cet effet, disent les bateliers de Strasbourg, est très-sensible quand les bateaux passent de l'Ill, du Nécker et du Mein dans le Rhin. Cela conduirait à supposer que l'eau perd une partie de son poids d'autant plus grande, qu'elle a plus de vitesse. On s'est fondé sur cette hypothèse pour expliquer la convexité, peut-être apparente et non réelle, de la surface d'une rivière qui a beaucoup plus de vitesse au milieu de sa largeur que vers ses bords.

Ponts de bateaux.

Les ponts de bateaux sont de tous les ponts militaires ceux qu'on emploie le plus souvent. On ne rencontre que deux cas dans lesquels on ne peut en faire usage : le premier, lorsqu'il y a trop peu de profondeur d'eau, parce que le poids des fardeaux qui passeraient sur le pont écraserait les bateaux, s'ils touchaient le fond de la rivière; le second, quand la rivière est encaissée et que ses bords sont très-hauts et escarpés. Ils se construisent d'ailleurs beaucoup plus promptement que les autres espèces de ponts.

Il y a plusieurs modes de construction des ponts de bateaux. On place ordinairement les bateaux au pont l'un après l'autre; il est alors construit *par bateaux successifs*. Quelquefois on fait des parties de pont, composées de deux grands ou de trois petits bateaux, qu'on amène successivement pour les relier entre elles par des travées de jonction : c'est la construction du pont *par parties*. Le pont ainsi construit ne diffère point du pont jeté par bateaux successifs; le système est le même : il n'y a de différence que dans la manière d'opérer.

Le mode de construction *par portières* mérite surtout de fixer l'attention. Les portières sont des portions de pont achevées, composées aussi de deux grands ou de trois petits bateaux, que l'on fixe l'une contre l'autre pour former le pont. Un pont construit par portières n'est pas, comme un pont par bateaux successifs, exposé à être rompu par le choc des masses flottantes charriées par le courant; car il est facile d'isoler promptement une ou plusieurs portières, en les détachant les unes des autres, de les laisser descendre en aval du pont, et de former ainsi des ouvertures pour livrer passage aux corps flottants qui menaçaient de rompre le pont. Le danger passé, on remet les portières en place, et le pont se trouve rétabli.

Un pont de bateaux peut encore être construit en entier le long de la rive, et ensuite jeté en travers de la rivière *par conversion.*

Quand on veut construire un pont par bateaux successifs, sans interrompre la navigation, on modifie sa construction de manière qu'il ait une portière, qu'on ouvre de temps en temps pour laisser passer les bateaux et radeaux.

Ce sont les circonstances dans lesquelles on se trouve, qui déterminent le mode de construction qu'on emploie pour établir le pont.

Lorsque les voitures de l'équipage arrivent et sont déchargées successivement sur le bord de la rivière, le pont est construit le plus promptement possible par bateaux successifs. Ce mode de construction est d'ailleurs le plus généralement usité, parce que, pour une longueur de pont déterminée, il exige moins de bateaux que le mode de construction par portières. Les nombres de bateaux employés par ces deux modes, sont dans le rapport de 7 à 9, lorsque le pont est fait avec l'équipage de réserve.

Sur les courants très-rapides on manœuvre facilement les bateaux isolés, et difficilement les parties ou les portières.

S'il y a sur la rivière, peu en amont de l'emplacement déterminé pour le pont, un endroit favorable à des préparatifs cachés à l'ennemi, on peut y former d'avance des parties ou des portières. Au moment du passage on les descend toutes à la fois, et on les arrête, au moyen d'ancres, à la place qu'elles doivent occuper au pont; il ne reste plus qu'à les réunir, ce qui se fait très-promptement, surtout quand le pont a été préparé par portières.

Un pont de bateaux peut encore se jeter en moins de temps par conversion. Nous allons rapporter la circonstance la plus remarquable où l'on a fait une application de cette manœuvre.

Après la bataille d'Esslingen, l'armée française, retirée dans l'île Napoléon, séparée de la rive gauche du Danube par un bras d'environ 160 mètres de largeur, se préparait à passer ce bras de vive force pour aller attaquer les Autrichiens. Cette opération hardie ne pouvait réussir que par la rapidité de son exécution. Napoléon, qui s'attendait à une vigoureuse résistance, désirait que l'on jetât en peu d'instants des forces considérables sur la rive ennemie. Le transport des troupes dans des bateaux et la construction ordinaire des ponts lui paraissant des moyens de passage trop lents, il s'arrêta au projet que l'on exécuta comme on va l'expliquer.

On mesura exactement la largeur du bras du Danube, à 200 mètres environ au-dessous du confluent d'un petit canal masqué à l'ennemi par une île, et l'on construisit dans ce canal un pont ayant pour longueur la largeur mesurée. Mais comme le canal, large de 12 mètres seulement, avait une assez grande courbure, on fit au pont trois articulations, qui lui permettaient de former une ligne brisée, afin qu'il pût suivre la courbure du canal pour le descendre et en sortir. Les quatre parties dont le pont se composait étaient liées entre elles et formaient un système variable. Au moment fixé pour l'exécution du passage, le pont descendit le canal; on assembla ses parties à mesure qu'elles arrivèrent près de l'embouchure, en sorte qu'il était d'une seule pièce lorsqu'il entra dans le bras du Danube. Aussitôt que son extrémité inférieure se trouva à la hauteur où le pont devait être placé, on arrêta cette extrémité, autour de laquelle on fit pivoter le pont entier. Il fut ainsi établi en quelques minutes par conversion.

Cette belle manœuvre fut couronnée d'un succès complet. Il y aurait sans doute de l'imprudence à l'exécuter sur une rivière large et très-rapide, parce qu'on serait exposé à ne pas pouvoir arrêter le pont au moment où il se trouverait en travers de la rivière.

Les ponts de bateaux se replient aussi par bateaux successifs, ou par parties, ou par portières lorsqu'ils ont été construits par portières, ou, enfin, par conversion.

Pour replier un pont par conversion, on attache un ou deux forts cordages, nommés cinquenelles, d'une part au pont et de l'autre sur une des rives, à un arbre ou à tout autre point de résistance très-solide, autour duquel le pont pivotera pendant la conversion; on sépare le pont des rives et on détache les cordages d'ancres des bateaux : le pont, toujours soumis à l'action du courant, n'étant plus retenu que par les cinquenelles, tourne autour du point auquel ces cordages sont amarrés, et vient se coucher le long de la rive. Cette manœuvre peut être quelquefois utile dans le cas d'une retraite; mais il serait dangereux de l'exécuter sur une rivière rapide, ayant plus de 100 mètres de largeur, à moins d'employer pour cinquenelles de gros câbles qui soient, ainsi que le pivot, capables de résister au très-grand effort de tension qu'ils éprouveraient au moment où les bateaux, dirigés obliquement par rapport au courant, offriraient le plus grand obstacle à l'écoulement de l'eau.

Sur les rivières peu larges et peu rapides, le pont replié par conversion peut être replacé par une conversion faite en sens contraire, c'est-à-dire en faisant remonter l'aile marchante contre le courant.

Les ponts de bateaux tendus sur les bras de mer ou sur des fleuves, près de leur embouchure, doivent avoir assez de flexibilité dans le sens de leur longueur, pour suivre le mouvement d'ondulation que les eaux prennent souvent dans ce sens. Les deux ponts de Xerxès sur le canal des Dardanelles, et le pont que les Anglais ont établi en 1814 sur l'Adour, au-dessous de Bayonne, jouissaient de cette propriété, parce qu'au lieu de poutrelles du tablier on avait mis des câbles allant d'une rive à l'autre, fortement tendus et supportés par les bateaux. Les ponts de Xerxès avaient, selon Hérodote, 7 stades de longueur ou environ 1300 mètres [1]. L'un était composé de 360 navires et l'autre de 300. Il paraît que ces navires se touchaient, puisqu'il est dit que l'on avait conservé entre eux, du côté de l'orient, trois intervalles pour le passage de petites barques.

1. D'après Hérodote, le stade vaut 100 toises, ou 600 pieds, ou 400 coudées. Si l'on admet, avec Barthélemy, auteur d'Anacharsis, que le pied grec équivaut à 11 pouces 4 lignes de l'ancien pied français, ce qui donne 17 pouces pour la coudée, on trouve que la longueur du stade est égale à environ 184 mètres.

Il y avait 6 câbles au tablier, les uns en roseaux, les autres en chanvre. Chaque coudée de ces derniers pesait un talent, à peu près 25 kilogr.; d'où l'on peut conclure qu'ils avaient environ 30 centimètres de diamètre. Le pont des Anglais avait 247 mètres de longueur; il était composé de 22 chasse-marées, petits navires de 15 mètres de long sur 4 à 5 de large, qui supportaient 5 câbles d'environ 10 centimètres de diamètre.

Ces ponts, ne pouvant avoir de portière, interrompent entièrement la navigation, ce qui serait un grand inconvénient dans bien des cas.

On peut donner à un tablier composé de poutrelles la flexibilité dont il s'agit. Il suffit pour cela que les poutrelles se terminent toutes au milieu de la largeur des bateaux, et que leurs bouts s'appuient sur un support établi au milieu de cette largeur et un peu plus élevé que les bords du bateau. On voit clairement que le tablier est alors susceptible de fléchir dans le sens vertical, en se pliant, pour ainsi dire, comme à charnière au milieu des bateaux. Le tablier du pont construit avec le nouvel équipage autrichien jouit de cette flexibilité, qu'il doit à ce que les poutrelles à entrailles se croisent peu sur les corps-morts placés au milieu de la largeur des bateaux.

Ponts de radeaux.

Les armées ont souvent fait usage de ponts de radeaux, soit à défaut de bateaux, soit parce qu'on s'imaginait devoir accorder à ces ponts la préférence sur ceux de bateaux.

Les radeaux sont composés d'arbres de bois léger, ou de corps creux hermétiquement fermés.

On n'emploie guère que le sapin ou le pin à la formation des radeaux en corps d'arbres. La pesanteur spécifique du sapin neuf et qui flotte depuis quelque temps, est évaluée aux $\frac{4}{7}$ de celle de l'eau; il s'ensuit qu'un mètre cube de ce bois peut supporter, avant d'être submergé, les $\frac{3}{7}$ du poids d'un mètre cube d'eau, ou à peu près 430 kilogrammes.

Quand on peut se procurer des arbres de 14 à 15 mètres de longueur, sur 32 à 33 centimètres de diamètre moyen, on compose de 13 ou de 12 de ces arbres des radeaux qui ont beaucoup de volume et qui n'ont guère que 4 mètres de largeur, ce qui permet de laisser entre les radeaux du pont de grands intervalles, par lesquels on fait passer les corps flottants charriés par le courant.

Sur un fort courant, ces grands radeaux sont difficiles à conduire et à mettre en place; ils exigent pour le pont un ancrage très-résistant. Il serait souvent préférable de composer le pont avec des radeaux de 6 ou 7 arbres, ayant l'attention de placer un de ces radeaux sous le milieu de la portée des poutrelles du tablier. Ces petits radeaux sont beaucoup plus maniables que les grands; mais il ne reste entre eux que des intervalles bien moindres.

Lorsqu'on a de gros arbres d'environ 10 mètres seulement de longueur, on peut, si la rivière a un faible courant, placer les arbres les uns à côté des autres et barrer ainsi la rivière; mais si le courant a de la rapidité, il convient de mettre les arbres sur deux de longeur, afin qu'il y ait des intervalles entre les radeaux.

Quand les arbres ont un faible diamètre, on compose les radeaux de deux ou d'un plus grand nombre de rangs d'arbres couchés les uns sur les autres.

Sans vouloir décrire la manière de réunir des corps d'arbres en radeau, on dira qu'il faut les joindre l'un contre l'autre, et ne pas laisser d'intervalles entre eux. Ces intervalles, loin de faciliter l'écoulement de l'eau, comme on l'a supposé longtemps, augmenteraient au contraire considérablement la résistance que le radeau oppose au courant.

Les ponts de radeaux en corps d'arbres s'emploient avantageusement sur les eaux tranquilles; ils sont alors préférables aux ponts de bateaux, parce que ces derniers exigent un travail continuel pour entretenir les bateaux, et en sortir l'eau qui s'introduit par leurs fentes ou qui provient de la pluie; soins que n'exigent pas les ponts de radeaux. Mais d'un autre côté ces ponts ne peuvent nullement servir sur les rivières très-rapides; en voici les raisons:

Les radeaux opposent beaucoup de résistance à l'écoulement de l'eau, à cause des aspérités de leur surface, et surtout à cause du grand volume de leur partie immergée. Comparons en effet un radeau de sapin à un bateau léger de même volume; le radeau s'enfoncera sous son propre poids de plus de la moitié de son volume, tandis que le bateau restera presque entièrement au-dessus de l'eau. Il se forme contre le devant d'un radeau une élévation d'eau, nommée remous, d'autant plus grande que le courant est plus rapide; et comme la partie surnageante n'est élevée que de quelques centimètres au-dessus de la surface de la rivière, il arrive que l'eau du remous s'écoule par-dessus le radeau et le submerge totalement, lorsque la vitesse du courant est assez considérable.

Il serait très-important de connaître avec exactitude la manière dont les ponts de radeaux d'arbres se comportent sur des courants de vitesses différentes. En attendant des résultats précis à cet égard, voici ce que plusieurs observations semblent annoncer. Les ponts de radeaux en corps d'arbres résistent bien à un courant dont la vitesse par seconde ne surpasse point un mètre et demi; on peut, au moyen d'un ancrage renforcé, les maintenir sur un courant de 2 mètres : on parvient encore, quoique difficilement, à construire ces ponts, lorsque la vitesse va jusqu'à $2^{m},30$; mais ils sont alors exposés à être rompus par le choc du moindre corps flottant : enfin, un courant plus rapide ne permet point d'établir les ponts de cette espèce.

Il ne suffit pas qu'une rivière ait ordinairement un courant médiocre, pour que l'on puisse avec confiance en effectuer le passage sur un pont de radeaux d'arbres; il faut encore être assuré qu'elle n'est point sujette à devenir très-rapide par l'effet des crues accidentelles. Les crues sont en général redoutables aux ponts de radeaux.

Le système de construction de ces ponts est absolument le même que celui des ponts de bateaux. On trouve dans le tome XXV de la *Bibliothèque britannique* la description d'un singulier pont de radeaux, établi en 1792, par les Polonais, sur le Niémen, à Grodno. Ce pont, composé de radeaux contigus, était courbé en arc de cercle, et formait contre le courant une véritable voûte, dont les radeaux étaient les voussoirs. On avait eu recours à ce mode de construction, afin de se passer de cordages d'ancres dont on manquait.

Les tonneaux, assujettis sous des espèces de châssis, forment des radeaux dont la puissance, comme flotteurs, dépend du nombre et de la capacité des tonneaux qui composent chaque radeau. Les radeaux de tonneaux sont, à volume égal, d'autant plus légers que les tonneaux ont plus de capacité. On doit donc préférer les grands tonneaux aux petits pour les employer à cet usage. Rien n'est plus facile que de se procurer un grand nombre de futailles en France, en Italie et en Allemagne, et l'on ne peut voir sans étonnement que les ponts de radeaux d'arbres aient été si fréquemment employés durant les dernières guerres, tandis que les ponts de tonneaux étaient presque entièrement laissés dans l'oubli.

En Espagne et dans quelques pays de l'Orient, on trouve des outres en peau de bouc, dans lesquelles on renferme du vin et d'autres liquides. Ces outres, étant remplies d'air refoulé, peuvent, comme les tonneaux, servir à composer des radeaux, qui à la vérité exigent de grands soins; car il faut arroser continuellement la partie surnageante des outres, pour empêcher qu'elles ne se désenflent, et, malgré cette précaution, il faut encore les ressouffler tous les soirs.

On formerait aussi de bons radeaux avec des caisses de bois léger, bien calfatées et goudronnées.

Ponts de chevalets.

Le chevalet est le corps de support le plus simple que l'on puisse employer aux ponts militaires; il se confectionne en quelques heures, avec des bois de faibles dimensions. Les matériaux des ponts de chevalets sont faciles à se procurer; c'est pourquoi on a si souvent fait usage de ces ponts à la guerre.

Ils s'établissent sur les rivières peu profondes. La rapidité du courant et la profondeur sont des obstacles à leur établissement. On ne connaît pas précisément à quelle profondeur il devient impossible de les construire; mais on sait par expérience que l'on asseoit difficilement les chevalets sur le fond de la rivière quand il y a plus de 2 mètres d'eau; et il semble que 3 mètres d'eau soient la limite au delà de laquelle on doive renoncer à construire des ponts de chevalets ordinaires.

La nature du fond de la rivière influe beaucoup sur la solidité de ces ponts. Le fond le plus ferme est le meilleur. Quand il n'est pas très-dur, les pieds des chevalets s'enfoncent par l'effet des fardeaux qui passent sur le pont. Or, ces fardeaux ne suivent pas bien exactement le milieu de la largeur du tablier; d'ailleurs le fond n'est presque jamais également résistant sous les quatre pieds d'un même chevalet : il arrive donc que les chevalets s'inclinent dans divers sens, et que la surface du tablier devient de plus en plus gauche, ce qui force d'interrompre la communication pour replacer les chevalets dans une bonne position. Les semelles, que l'on cloue sous les pieds des chevalets destinés à être placés sur un mauvais fond, remédient, imparfaitement il est vrai, à l'inconvénient que l'on vient de signaler. Les ponts de chevalets offrent un moyen précieux d'établir un passage sur les rivières peu profondes; mais ils sont en général sujets à des accidents causés par le défaut de solidité du fond.

On règle la hauteur des chevalets de manière qu'ils s'élèvent encore au-dessus des eaux pendant les crues ordinaires. On ne les éloigne l'un de l'autre que de 4 mètres. Pour les placer, les pontonniers entrent dans la rivière et les portent à l'endroit où ils doivent être assis; lorsque le froid ou la profondeur de l'eau rendent ce moyen peu convenable ou impossible à employer, les pontonniers les placent avec la plus grande facilité, sans se mouiller, en se servant de deux longues poutrelles.

Le chevalet du nouvel équipage autrichien, dont nous avons précédemment fait connaître les remarquables propriétés, serait-il préférable au chevalet ordinaire pour les ponts de chevalets? On répondrait affirmativement, si le pont fait avec des chevalets de ce système pouvait être créé avec aussi peu de moyens, et aussi promptement que le pont de chevalets ordinaires.

Lorsqu'en 1812 l'armée française arriva sur le bord de la Bérésina, les pontonniers n'étaient pourvus que d'outils, de longs clous, de clameaux, de deux forges, de fer et de charbon. Les bois dont ils pouvaient disposer, consistaient en rondins de sapin formant les murailles des maisons. Le 25 novembre, à cinq heures du soir, on commença à démolir les maisons; le 26, à huit heures du matin, on put déjà commencer à construire deux ponts de chevalets; l'un fut achevé à une heure de l'après-midi, l'autre à quatre heures : chacun était composé de vingt-trois chevalets. Cette rapidité d'exécution sauva l'armée[1]. Aurait-on pu obtenir le même résultat, en confectionnant les chevalets et les poutrelles d'après les principes du système de l'équipage de pont autrichien? Nous ne le pensons pas. C'est au reste une question sur laquelle l'expérience seule pourra prononcer définitivement.

Ponts de pilotis.

Les ponts de pilotis sont capables de résister aux courants rapides et aux plus violents orages. Un fond de rocher ou une trop grande profondeur d'eau sont les seuls obstacles qui puissent empêcher leur établissement. Il faut de fortes pièces de bois, des machines et beaucoup de temps pour les construire : c'est pourquoi l'on ne fait guère usage de ces ponts que pour assurer des communications permanentes en arrière des ar-

1. « Le dévouement des pontonniers dans cette circonstance vivra autant que le souvenir du passage de la Bérésina ; quoique affaiblis par les maux qu'ils enduraient depuis si longtemps ; quoique privés de liqueurs et d'aliments substantiels, on les vit bravant le froid, qui était redevenu très-rigoureux, se mettre dans l'eau quelquefois jusqu'à la poitrine ; c'était courir à une mort presque certaine, mais l'armée les regardait : ils se sacrifièrent pour son salut. »

(*Histoire de l'expédition de Russie*, par le marquis de Chambray.)

mées, et non pour effectuer un passage en présence de l'ennemi.

Le tablier des ponts de pilotis doit être élevé au-dessus des plus hautes eaux. Les pilots qui servent de corps de support ayant une grande force verticale, on ne craint point de rendre le tablier très-lourd; il est même avantageux que son poids soit considérable : le pont en acquiert plus de solidité.

Les pontonniers et le génie militaire sont concurremment chargés de la construction des ponts de pilotis.

Parmi les ponts militaires de cette espèce, dont l'histoire nous a conservé la description, les plus remarquables sont le fameux pont que César fit construire en dix jours sur le Rhin, et celui de 770 mètres de longueur que les Français ont fait en vingt jours sur le Danube, après la bataille d'Esslingen.

Ponts suspendus.

On ignore l'époque où l'on a commencé à employer à la guerre les ponts suspendus faits avec des cordages ou avec des chaînes. Dans le seizième siècle, pendant les guerres civiles de France, on a souvent fait usage de ponts de cette espèce; on s'en est encore servi en Italie, dans la guerre de 1742. Depuis ce temps, on les avait à peu près abandonnés, lorsqu'en 1810 les Anglais jetèrent un pont de cordages sur une brèche de 30 mètres d'une arche rompue du pont en pierre d'Alcantara, sur le Tage.

On doit à plusieurs officiers d'artillerie d'ingénieux projets d'équipages de ponts de cordages destinés à suivre les armées. Ils ont fourni des lumières pour s'éclairer dans le choix du système de construction le plus convenable; mais un peu de réflexion a suffi pour réduire les ponts militaires suspendus à leur juste valeur et pour diminuer infiniment l'importance qu'on voulait leur attribuer.

Rencontre-t-on à la guerre des circonstances où les ponts suspendus soient indispensables? Le doute est permis, quand on considère que nos armées n'en ont pas senti la nécessité, quoiqu'elles aient poussé très-loin leurs conquêtes. On doit pourtant convenir que les ponts suspendus sont les seuls que l'on puisse jeter dans certains cas sur un ravin profond ou un torrent impétueux dont les bords sont escarpés ou sur une arche rompue d'un pont très-élevé. Mais ce qui rendra toujours très-rares les occasions de s'en servir utilement, c'est qu'on ne peut pas leur donner plus de 30 à 40 mètres de longueur, à moins d'employer à leur construction beaucoup de temps et des moyens extraordinaires, et de s'exposer, en outre, à les voir se rompre pendant un passage. Il serait dangereux de leur accorder une trop grande confiance, surtout à ceux de cordages qui se détériorent assez promptement.

Les mémoires de Sully offrent un exemple des accidents causés par leur défaut de solidité. En 1592, Joyeuse, un des chefs de la Ligue, avait fait tendre un pont de cordages sur le Tarn, pour le siége de Villemur. Les assiégeants, attaqués et mis en déroute, gagnèrent le pont en foule et le surchargèrent; Joyeuse et un grand nombre de ses gens qui se trouvaient dessus au moment où il se rompit, furent engloutis sans qu'un seul en réchappât.

Il ne faut certainement point embarrasser une armée d'un équipage particulier de pont de cordages, qu'elle traînerait probablement à sa suite pendant plusieurs campagnes avant de rencontrer une occasion d'en faire usage. Ajoutons que pour des ravins de 20 mètres on n'a pas besoin de ponts de cordages, puisqu'on fera connaître des moyens plus simples d'en réunir les deux bords; et comme la longueur de ces ponts militaires suspendus ne peut aller au delà de 40 mètres, il en résulte que leur emploi est borné aux ravins ou brèches de 20 à 40 mètres de largeur. Cependant, les ponts suspendus étant quelquefois utiles, il serait fâcheux qu'une armée fût privée de leur secours au moment du besoin, et lorsqu'aucun autre moyen de passage ne peut les suppléer. Mais rien ne nous reste à désirer à cet égard : si notre armée ne traîne pas avec elle un équipage qui ne pourrait servir à rien autre chose qu'à former des ponts suspendus, elle possède un équipage de ponts de bateaux, d'un usage général, et qui renferme tous les objets nécessaires pour les ponts de cordages.

Il y a deux modes bien distincts de construction des ponts suspendus. Dans le premier, le tablier ou plancher du pont repose immédiatement sur des cordages ou chaînes amarrés aux rives et tendus parallèlement. C'est à ce mode que doit être rapporté le pont d'Alcantara, jeté, comme on l'a déjà dit, par les Anglais sur une arche rompue. Ce système de construction est très-simple; mais il exige qu'on donne aux cordages une tension considérable, pour empêcher que le tablier ne s'abaisse beaucoup en son milieu par l'effet de leur allongement, lorsque le pont est chargé; cette grande tension fatigue les cordages, et les rend moins capables de supporter les fardeaux qui passent sur le pont. Si l'on emploie des chaînes en fer, il n'est pas nécessaire de les tendre aussi fortement, parce qu'elles ne sont presque pas susceptibles de s'allonger.

Dans le second mode de construction, le tablier du pont est suspendu à deux câbles, supportés par des potences dressées sur les rives. Les câbles, beaucoup moins tendus que dans l'autre système, forment de chaque côté du pont une espèce de chaînette, d'où pendent les cordages suspenseurs attachés au tablier. C'est en suivant ce mode que l'on établit les ponts permanents en chaînes ou en faisceaux de fils de fer. La théorie des ponts militaires ainsi construits, devient très-simple, en considérant que les cordages suspenseurs verticaux divisent en parties égales la distance horizontale entre les points de suspension des câbles, et en négligeant le poids de ces cordages: on tire de la seule condition d'équilibre du polygone funiculaire toutes les relations qu'il importe de connaître entre les quantités dont la détermination est indispensable pour former un projet de pont de cordages.

Les pontonniers sont exercés à construire, avec des matériaux pris dans l'équipage de pont de bateaux, un pont de cordages, sur lequel on passe sans courir aucun risque, lors même que les câbles viendraient à se rompre ou qu'il arriverait quelque autre accident : dès que le tablier cesserait d'être soutenu par les câbles, il le serait encore par deux forts faisceaux de cordages, bien tendus et solidement attachés aux rives, mis par précaution sous le tablier. On voit que, pour plus de sûreté, on a suivi à la fois les deux modes de construction des ponts suspendus.

Ponts volants, Trailles, Bacs et Bacs volants.

On a donné le nom de *pont volant* à une portière qu'un cordage empêche d'être entraînée par le courant, et qui est poussée alternativement d'une rive à l'autre par le choc de l'eau contre ses côtés. Le plus souvent une extrémité du cordage est attachée à une ancre jetée en amont dans le lit de la rivière, et l'autre bout est fixé à la portière, qui se meut en décrivant un arc de cercle, dont l'ancre est le centre et le cordage le rayon. Quelquefois aussi la portière glisse le long du cordage, alors tendu en travers de la rivière. Quand le cordage est ainsi placé, le pont volant prend le nom de *traille*.

Le *bac* est un bateau, ayant ordinairement une forme commode pour l'embarquement des hommes, des chevaux et des voitures; on le fait aller d'une rive à l'autre, en tirant de dedans le bateau sur un cordage mis en travers de la rivière. La traille passe la rivière par le choc seul du courant, tandis que le bac ne la traverse que par l'effort des hommes qui agissent sur le cordage.

Les ponts volants et les trailles ne s'établissent donc que sur les courants assez rapides : ils ne marcheraient pas sur des eaux tranquilles. Les bacs sont particulièrement destinés aux rivières peu rapides.

On emploie fréquemment à la guerre les ponts volants, les trailles et les bacs, parce qu'ils établissent avec fort peu de moyens des communications suffisantes dans un grand nombre de circonstances.

Une des choses les plus importantes à considérer dans les ponts volants, c'est la longueur de leur cordage d'ancre : elle dépend de la largeur de la rivière. Ce cordage, soutenu de distance en distance par des nacelles qui l'empêchent de tomber dans l'eau, ne doit pas avoir une longueur moindre que la largeur de la rivière; le pont passe mieux si la longueur du cordage est double de cette largeur. Ces résultats sont fournis par l'expérience. La théorie, dans son état actuel, ne peut servir à résoudre des problèmes dont la solution exige la connaissance de la loi du choc et de la résistance de l'eau contre les surfaces. On a cherché à déterminer l'angle constant sous lequel il faut présenter au courant les côtés d'une traille pour qu'elle passe avec la plus grande vitesse. Des auteurs ont trouvé qu'il est de 54 degrés 44 minutes, d'autres prétendent qu'il est de 45 degrés. On sait que l'angle le plus favorable sous lequel le courant doit frapper les côtés d'un pont volant, va en diminuant à mesure que le pont s'éloigne d'une des rives pour atteindre l'autre; mais on ignore la valeur absolue de cet angle et la loi de son accroissement. Des expériences directes et faites avec la délicatesse qu'exige la matière, pourraient jeter un grand jour sur une question si intéressante.

Les pontonniers savent composer promptement, avec des objets de l'équipage de campagne, une portière de six bateaux, capable de transporter des hommes, des chevaux ou des voitures. Elle peut passer 250 hommes à la fois : on l'établit en pont volant ou en traille.

Des radeaux peuvent tenir lieu des portières de ponts volants et de trailles. Quand on les construit pour cet usage, on coupe leur tête en pointe sous un angle de 45 degrés, afin que l'action du courant contre cette tête ne détruise pas pendant le passage une partie de celle exercée contre les côtés.

Un ou deux hommes font passer un pont volant ou une traille en l'inclinant au moyen des gouvernails de manière que ses côtés fassent avec la direction du courant l'angle le plus favorable au passage.

On établit quelquefois des portières en employant à la fois les moyens de passage particuliers aux ponts volants, aux trailles et même aux bacs : on en a trouvé des exemples sur plusieurs rivières d'Italie.

Il existe depuis longtemps sur la partie inférieure et peu rapide du cours du Rhin des *bacs volants*. Depuis sept ou huit ans environ, dans des vues d'économie, les ponts volants sur ce fleuve, en aval de la frontière française, jusqu'à Mayence, sont remplacés par des bacs de cette espèce, d'une construction simple et d'un service commode. Les bacs volants se meuvent comme les ponts volants en oscillant sur un câble soutenu par des nacelles. Une extrémité du câble est fixée dans le lit du fleuve par des ancres ou par des pieux; son autre extrémité est amarrée au milieu de la longueur du flanc que le bac présente vers l'amont, et qui est frappée par le courant dans le passage d'une rive à l'autre. Pour donner au bac l'inclinaison convenable pendant le trajet, deux brides attachées au câble, à une distance du bac à peu près égale à la longeur de cette embarcation, viennent s'enrouler, aux deux extrémités de son flanc d'amont, sur des treuils munis d'engrenages que l'on manœuvre avec des manivelles : en raccourcissant une des brides en même temps que l'on détend l'autre, le bac prend l'inclinaison voulue.

Les bacs établis aux endroits où le courant est faible n'ont point de treuils : c'est en tirant à bras sur les brides qu'on les raccourcit.

Les bacs volants de Spire, Worms et Gernsheim, entre Lauterbourg et Mayence, ont de fort grandes dimensions, $23^{m},50$ de longueur sur 8 mètres de largeur. Aux endroits où ils sont établis, le Rhin a de 300 à 400 mètres de largeur, et une vitesse d'environ $0^{m},70$ par seconde, à la hauteur moyenne des eaux. Ils traversent ordinairement le fleuve en cinq minutes.

On devait craindre que ce moyen de passage ne fût dangereux dans la partie plus en amont et plus rapide du cours du Rhin. Cependant le premier bac volant, autorisé par l'administration des ponts et chaussées, et destiné à être établi à Lauterbourg, a été essayé à Seltz, vis-à-vis de Rastadt, où le Rhin a une largeur de 250 mètres et une vitesse de $2^{m},10$ par seconde aux eaux moyennes. Ce bac a 16 mètres de longueur sur

$5^m,60$ de largeur. Les essais ont eu lieu à des vitesses de $2^m,10$ jusqu'à $2^m,50$ au thalweg, et le bac, chargé de lourds fardeaux et lesté de 2400 kilogrammes du côté du flanc d'aval, pour maintenir l'embarcation dans une position horizontale, a passé d'une manière satisfaisante, ne mettant que deux minutes à traverser le fleuve. Il a été constaté dans les premiers essais que l'inclinaison constante, la plus favorable à la marche, était celle qui donnait un angle d'environ 30 degrés, formé par la direction du bac et la ligne droite joignant les deux points d'abordage. On aurait pu accélérer encore la marche, en faisant varier l'inclinaison pendant le passage, et en s'aidant de quatre ailes placées sur le flanc d'amont, lesquelles sont destinées principalement à servir sur les points où la vitesse du courant s'affaiblit, et en cas de rupture des brides.

Des bacs volants, ayant à peu près les mêmes dimensions que celui de Lauterbourg, sont employés, pour desservir des passages peu fréquentés ou des exploitations agricoles, à Reinhausen, Brühl, etc., entre Lauterbourg et Mannheim, et pour remplacer d'anciens bacs à rames.

Il serait sans doute dangereux de faire usage du bac volant sur un courant dont la vitesse surpasse $2^m,50$ par seconde. Supposons en effet que pendant le trajet le bac soit dans le cas de revenir sur ses pas lorsqu'il est dans un très-fort courant; il faudra qu'il prenne une inclinaison contraire à celle qu'il avait; il y aura donc un moment où son flanc d'amont se présentera perpendiculairement au courant : alors il opposera une très-grande résistance, et le remous qui s'élèvera contre le flanc pourra submerger le bac.

Les bacs volants ne peuvent tenir lieu de ponts volants sur les courants très-rapides.

De quelques autres espèces de ponts.

Les ponts dont on a parlé précédemment sont, hormis ceux de cordages ou de chaînes, d'un usage fréquent à la guerre. Il en est d'autres que l'on emploie dans certaines circonstances particulières.

Sur des ravins ou des rivières très-étroites, on peut quelquefois établir une communication pour les piétons avec un seul arbre abattu et mis en travers; lorsqu'un seul arbre n'a pas assez de longueur pour s'étendre d'une rive à l'autre, on en met deux, formant en amont un angle saillant, et dont les branches s'entrelacent vers le milieu de la rivière. Si l'on peut se procurer quelques corps d'arbres en bois léger, on en formera le long de la rive une ou plusieurs files, et l'on mettra cette espèce de radeau en travers par un mouvement de conversion.

On peut encore composer avec quelques pièces de bois deux espèces de fermes en charpente, qui s'appuient sur les bords de la rivière, et qui supportent un tablier de pont.

Il y avait jadis à la suite des armées françaises des ponts roulants pour le passage des ruisseaux ou petites rivières peu profondes. On les a abandonnés depuis longtemps, quoiqu'il en existe encore quelques-uns dans les magasins de l'artillerie. Un pont roulant est une voiture à flèche dont chaque train sert de chevalet; elle est chargée des objets nécessaires pour former un tablier de 14 mètres de longueur. Quand la rivière avait plus de 14 mètres, on plaçait plusieurs ponts roulants l'un au bout de l'autre. Les ponts ainsi construits manquaient de solidité sur les fonds peu résistants; si l'on rencontrait une profondeur d'eau de 2 mètres, il devenait impossible de s'en servir : on a donc trouvé inutile de traîner constamment avec soi un pont qui rendait si peu de services, et on l'a relégué parmi les ingénieuses inventions de cabinet, au rang desquelles il faut compter le pont à charnières du maréchal de Saxe. Au reste, l'idée d'employer des voitures quelconques comme supports d'un tablier de pont, a été suivie dans un grand nombre de circonstances. Sur les rivières qui n'ont pas plus d'un mètre et demi de profondeur d'eau, on peut faire des ponts de voitures plus ou moins stables, plus ou moins solides, selon qu'ils sont destinés au passage de l'artillerie ou seulement de l'infanterie. Pour les premiers, on place les voitures de manière que leur longueur soit parallèle au courant; pour les seconds, qui n'ont pas besoin d'autant de stabilité, on place quelquefois la longueur des voitures perpendiculairement au courant, comme on le faisait avec les ponts roulants.

On fera encore mention des ponts dont le tablier est supporté par des gabions rangés comme les pilots d'un pont de pilotis. On peut enfoncer un long piquet suivant l'axe de chaque gabion, pour le maintenir dans sa position verticale, et remplir tous les gabions de terre damée, ou de gravier ou de pierres. Les ponts de gabions serviraient avantageusement à pratiquer une voie à travers des marais.

On a essayé, en 1837, à l'école régimentaire du génie à Montpellier, un pont de plus de 30 mètres de longueur, construit avec des gabions roulants sur une rivière ayant $1^{m},80$ de profondeur, un assez faible courant et un fond vaseux.

Les gabions roulants étaient couchés l'un à côté de l'autre, contigus, vides, leur axe suivant le courant, afin que l'eau conservât à peu près son écoulement ordinaire. Le dessus de ces gros gabions était arasé par des buses, formées chacune de trois gabions de tranchée, mis les uns au bout des autres, et liés à trois petites perches, qui en font un tout, et par des fascines. Le tout était recouvert par des claies, et enfin par une couche de terre de 10 à 12 centimètres d'épaisseur. Ce pont a résisté au passage d'une pièce de 12, traînée à la galère.

Ponts mixtes.

Les ponts de bateaux sont souvent mixtes, c'est-à-dire composés de bateaux et d'autres corps de support. Il ne peut en être autrement lorsqu'on choisit, pour les établir, les endroits où les rivières forment des coudes; nous avons déjà dit que dans ces sinuosités l'eau est profonde contre la rive concave, tandis qu'il y a un bas-fond près de la rive saillante, ordinairement plate. Sur les parties droites du cours des rivières, quand les eaux sont basses, on trouve encore souvent un bas-fond près de l'un ou de l'autre bord, et quelquefois près des deux. Les bateaux ne devant, en général, être placés qu'aux endroits où la profondeur d'eau est assez grande pour qu'ils ne touchent point le fond de la rivière pendant le passage des fardeaux sur le pont, il devient indispensable d'avoir recours à d'autres corps de support pour la partie de la rivière qui manque de profondeur.

Les radeaux s'allient très-bien avec les bateaux, parce qu'ils sont flottants comme eux; on pourra employer ceux en corps d'arbres dans le cas où le fond de la rivière est assez uni pour qu'ils n'y portent pas à faux.

Les chevalets ordinaires ont souvent servi à continuer les ponts sur les bas-fonds; on a aussi employé des voitures au même usage. Il y a pourtant un inconvénient à prolonger un pont flottant, dont le tablier suit le niveau changeant des eaux, avec des supports couverts d'un tablier qui ne peut suivre ce mouvement. C'est pour y remédier qu'on a imaginé des chevalets à chapeau mobile, ainsi nommés parce que leurs chapeaux peuvent être facilement élevés ou abaissés, et par conséquent aussi avec eux le tablier qu'ils supportent; ce qui donne le moyen d'empêcher les ressauts sur le pont et de maintenir le tablier à une hauteur uniforme dans toute l'étendue du pont. L'équipage de bateaux de campagne contient des chevalets à chapeau mobile, qu'on emploie sur les bas-fonds.

RÉPARATION DES PONTS.

Quand l'ennemi, par mesure défensive, a fait sauter une ou plusieurs arches d'un pont en maçonnerie, on a recours à l'un des moyens suivants pour rétablir la communication.

Si la brèche n'est pas trop large, on jette des poutres de l'un à l'autre bord. Si sa largeur ne permet point d'opérer ainsi, on asseoit de grands chevalets entre les piles, soit sur le fond de la rivière, soit, quand l'eau est trop profonde, sur un grand bateau ou sur un fort radeau. Lorsqu'une arche est seulement rompue à la clef et que les parties voisines sont lézardées, on peut établir deux fermes, dont les arbalétriers prennent leurs points d'appui sur les reins de la voûte. Les ponts de cordages ou de chaînes offrent aussi un moyen de réparation. En voici encore un très-simple et digne de fixer l'attention. Un officier du génie chargé, en 1811, de couvrir une brèche de 18 à 19 mètres faite à une arche rompue d'un pont sur l'Alva, à Ponte-Murcella, fit abattre quelques pins, que l'on coucha sur le pont, des deux côtés de la coupure, en faisant avancer leurs petits bouts de 6 mètres sur la brèche. On chargea leurs gros bouts de terre et de pierres pour faire contre-poids. Sur leurs petits bouts on fixa deux fortes traverses; enfin sur les traverses on mit des pièces de bois longitudinales, que l'on couvrit de rondins. Ce procédé s'emploîrait également avec succès pour le passage des ravins profonds.

Quant aux ponts de pilotis que l'ennemi a fait sauter ou qu'il a incendiés, on profite pour leur réparation des pilots qui existent encore ou qui n'ont été qu'en partie brûlés. Du reste, on se sert au besoin de grands chevalets assis comme on vient de l'expliquer.

CONSERVATION DES PONTS.

On rend les ponts flottants capables de résister aux coups de vent et à l'augmentation de vitesse du courant, en donnant assez de force à l'ancrage. C'est aussi par le moyen d'un ancrage solide que l'on maintient les ponts de chevalets contre l'effet des crues, tant que les eaux n'atteignent point le tablier. Pendant un orage très-violent, la pluie et les vagues pourraient, dans quelques circonstances, couler les bateaux d'un pont, si des hommes n'étaient répartis dans ces bateaux pour en sortir l'eau à mesure qu'elle y entre.

De tous les dangers auxquels les ponts militaires sont exposés, il n'y en a point de comparables à ceux dont ils sont menacés par le choc des masses flottantes. Le choc est suivi d'une pression que la masse, arrêtée par le pont, exerce contre lui; pression qui est proportionnelle au carré de la vitesse du fluide.

Les glaçons que les rivières charrient pendant les fortes gelées, usent les cordages d'ancres par leur frottement continuel. On prévient cet effet en enveloppant la partie des cordages exposée au frottement, avec de la ficelle ou de vieux cordages, ou en la couvrant d'une espèce de chapiteau en bois, ou en substituant des chaînes en fer aux cordages, ou enfin, en remplaçant les ancres par des pilots auxquels on amarre les cordages, qui se trouvent alors élevés au-dessus de la surface de l'eau. Le frottement des glaçons finirait quelquefois par percer les bateaux, si l'on ne prenait pas la précaution de recouvrir de planches les endroits exposés à ce frottement.

Quand des glaçons ou d'autres corps flottants viennent s'arrêter contre un pont, on doit travailler sans cesse à les diviser, s'il est possible, et à les faire passer dessous. Lorsqu'on ne peut pas les empêcher de s'amonceler de plus en plus, on tâche de pratiquer une ouverture au pont pour leur donner passage. Si la chose est impraticable, il faut s'attendre à ce qu'il soit bientôt entraîné, comme il arrive sur les rivières du

Nord, quand on veut conserver des ponts pendant la débâcle des glaces.

Lorsque l'ennemi est maître d'une partie du cours d'une rivière rapide, à peu de distance en amont de l'endroit où l'on a construit des ponts, il ne manque pas d'abandonner au courant de grands bateaux chargés, des radeaux ou flottes de bois, des brûlots, et quelquefois des machines infernales ou mines flottantes : on sent combien il est difficile de garantir les ponts de l'approche de ces corps destructeurs. Pour les arrêter, on tend une estacade d'une rive à l'autre, en amont du pont, dans une direction oblique, faisant avec le courant un angle de 20 à 25 degrés. Il y a des estacades flottantes composées de grands corps d'arbres de sapin, enchaînés les uns aux bouts des autres; il y en a aussi en pilots, réunis entre eux par des pièces horizontales. Ces estacades de pilots ne sont pas toujours en ligne droite; on peut leur faire former un angle dont le sommet soit en amont. Les corps flottants, charriés par les rivières, glissent le long des estacades, en vertu de leur inclinaison, et sont ainsi rejetés contre une rive. Des estacades flottantes, moins inclinées qu'on ne vient de le dire, n'arrêteraient pas les corps flottants soumis à l'impulsion d'un courant rapide.

On tend, plus en amont, d'autres estacades, simplement composées d'un cordage ou d'une chaîne, soutenus de distance en distance par des tonneaux ou par des nacelles. Le but de ces estacades est de déterminer l'explosion des machines infernales et d'en préserver l'estacade principale.

Mais les estacades seraient bientôt rompues, si on les laissait accabler par toutes les masses flottantes qu'un ennemi entreprenant lancerait à la fois; c'est pourquoi l'on ajoute à ces moyens de défendre les ponts un plus ou moins grand nombre de nacelles, montées par des pontonniers, qui vont au loin s'emparer des corps flottants et les conduisent à la rive, ou qui les arrêtent, en y attachant des cordages fixés à des ancres jetées ensuite dans la rivière. Il est inutile de dire que les pontonniers bravent un péril évident, en arrêtant des brûlots chargés d'obus et de grenades, qui éclatent successivement, presque sans relâche, et surtout en abordant des machines infernales dont ils ignorent le mécanisme, et qu'ils peuvent faire sauter en les touchant, même avec les plus grandes précautions.

En résumé, la conservation d'un pont repose sur la surveillance de postes en observation dans des nacelles, sur le secours que prêtent les estacades en arrêtant les corps flottants échappés à ces postes; enfin, sur les soins d'une garde chargée de la police du passage et de l'entretien du pont.

Les ponts tendus près de l'embouchure d'un fleuve dans lequel la marée se fait sentir, et en général tous les ponts exposés au choc de corps flottants venant d'aval, doivent être gardés de ce côté aussi bien qu'en amont.

Malgré les postes d'observation et les estacades, il faut encore avoir en réserve les matériaux nécessaires pour remédier de suite aux accidents les plus graves que l'on puisse craindre, et ne pas perdre de vue que l'attaque des ponts a de la supériorité sur la défense, lorsque les circonstances sont favorables à l'ennemi.

DE LA DÉFENSE DES RIVIÈRES.

La défense des rivières embrasse tous les moyens que l'on peut employer, soit pour empêcher l'ennemi d'en effectuer le passage, soit pour interrompre la navigation lorsqu'il s'est rendu maître d'une partie de leur cours, soit enfin pour détruire ses ponts.

Pour bien défendre une rivière, il faut avoir une connaissance parfaite de son cours, au moins dans l'étendue que l'on défend, afin de savoir quels sont les endroits les plus favorables aux desseins de l'ennemi, et que l'on doit fortifier par des redoutes et des batteries. On occupe aussi les îles dont la possession lui serait avantageuse.

On ne peut raisonnablement penser à défendre également tous les points où le passage est praticable, puisqu'en disséminant ses troupes, on serait faible partout. On se borne donc à garder les endroits où l'ennemi rencontrerait le moins de difficultés, et à disposer ses troupes par corps considérables, prêts à se porter très-promptement au point de passage, aussitôt qu'il est connu, pour attaquer avec des forces supérieures les troupes déjà débarquées.

Outre les moyens qu'un général emploie ordinairement pour connaître les projets de l'ennemi, il envoie, pendant la nuit, de très-petites nacelles parcourir sans bruit la rivière, et reconnaître les préparatifs de passage qui se font sur le bord opposé.

On détruit les ponts permanents. S'ils sont en maçonnerie, on fait sauter au moins une arche, en pratiquant, suivant la clef, une tranchée d'un demi-mètre de profondeur, dans laquelle on met 150 à 200 kilogrammes de poudre; s'ils sont en charpente, on peut les démolir, ou les incendier en les goudronnant et les enveloppant de fascines et de bois secs goudronnés, ou les faire sauter avec un baril de 100 kilogrammes de poudre suspendu sous une arche.

On s'empare de tous les bateaux et radeaux. Si l'on ne peut les éloigner de l'ennemi, on coule les bateaux à fond, ou, ce qui vaut mieux, on les tire à terre et on les brûle; on dépèce les radeaux et l'on tâche de brûler, ou au moins de disperser leurs pièces autant que possible.

S'il existe des gués, on les rend impraticables en opposant, selon les localités, un ou plusieurs des obstacles suivants. Un fossé creusé dans toute la largeur du gué; des trous de loup; des pieux assez rapprochés; des herses de laboureur fixées au fond de la rivière avec des pierres ou des piquets, et dont les chevilles sont en dessus; des planches garnies de longs clous et fixées comme les herses; des chausse-trappes; des arbres entiers jetés dans le gué, la tête tournée vers l'ennemi. On escarpe les rives à l'entrée et à la sortie du gué.

Si la rivière est gelée et que la glace porte, on se trouve dans le même cas que si la rivière n'existait point.

Quand l'ennemi s'est emparé d'une rivière sur laquelle on possède encore quelques endroits situés entre les différents corps de son armée, on doit tâcher de gêner ses approvisionnements, en lui en interdisant la navigation. On emploie à cet effet des barrages de différentes espèces. En 1631, l'électeur de Mayence barra l'embouchure du Mein avec de grands bateaux chargés de pierres ou de gravier, qu'il fit couler à fond. En 1675, Turenne empêcha Montécuculli de descendre des bateaux de Strasbourg, en barrant le Rhin entre la Wantzenau et Diersheim, au moyen d'un système de pilots défendu par des redoutes. On conserve à Vienne une chaîne énorme, appelée *chaîne des Turcs,* et qui a, dit-on, servi à barrer le Danube[1]. On peut encore, dans certains cas, barrer une rivière avec plusieurs rangs de pieux coupés à fleur d'eau, ou avec des arbres entiers fixés par quelques pieux. Tous ces barrages ont besoin d'être protégés par des redoutes, par des batteries flottantes ou par des chaloupes canonnières.

Si l'on est maître d'une partie du cours de la rivière ou d'un affluent au-dessus des ponts de l'ennemi, on doit faire tous ses efforts pour les

1. Ses anneaux ou mailles ont 24 centimètres sur 12 d'ouverture intérieure; le diamètre du fer à huit pans de ces mailles est de 5 centimètres; elle est composée d'au moins trente-sept parties ou chaînons de 12 à 13 mètres de longueur chacun, qui s'accrochent les uns aux autres par le moyen d'une espèce d'agrafe terminant chaque chaînon.

rompre, en abandonnant au courant des masses flottantes. Les unes, comme les bateaux chargés, les arbres isolés, les radeaux ou flottes, après avoir choqué un pont, forment devant lui un encombrement qui s'oppose à l'écoulement, et produit contre le pont une pression dépendante de la rapidité du courant. Des bateaux, ou plus ordinairement des radeaux, chargés de matières enflammées, sont destinés à produire les mêmes effets, et de plus à incendier les ponts; on place dessus des obus et des grenades, qui éclatent successivement, afin qu'il soit dangereux d'arrêter ces brûlots. Il y a des masses flottantes encore plus redoutables : ce sont les machines infernales ou mines flottantes, dont l'explosion fait sauter les ponts.

L'invention de ces machines est attribuée à un ingénieur italien, nommé Jembelli, devenu célèbre par le succès qu'il obtint, en détruisant avec un fracas épouvantable le pont construit en 1585 sur l'Escaut par les Espagnols, près d'Anvers. Les Autrichiens ont tenté vainement, en diverses circonstances, de produire des effets semblables sur nos ponts. Les machines de Jembelli et celles des Autrichiens consistaient en une mine établie au centre d'un grand bateau. Le feu était mis aux premières par une mèche d'artifice dont on avait éprouvé la durée, ou par un de ces mouvements d'horloge qui battent le briquet après un certain temps écoulé. Les machines des Autrichiens avaient un mât qui devait se renverser en rencontrant le tablier du pont; dans les unes, le mouvement du mât détendait une platine de fusil; dans les autres, il faisait tomber au milieu de la poudre des bouts de mèche allumés.

On fera bien d'emprunter à la marine des machines infernales très-simples, peu coûteuses et d'un succès assuré, pour détruire les estacades et les ponts flottants. Tels sont les avantages que présentent des petits tonneaux, surnageant très-peu, remplis de poudre, et contenant une platine de fusil, qui se détend par le moindre choc qu'éprouve un levier sortant par la bonde. Au lieu de tonneaux, on peut employer au même usage des caisses calfatées et goudronnées. On jugera de l'effet dont ces machines sont capables, par celui des torpilles que Fulton a proposées, en 1805, pour détruire les vaisseaux. Une torpille, qui n'était autre chose qu'un cylindre en cuivre contenant 100 kilogrammes de poudre, ayant éclaté sous un brick d'une forte construction et du port de 200 tonneaux, le brick a été soulevé d'environ 2 mètres et divisé en deux parties par l'explosion.

La nuit est favorable pour lancer des masses flottantes, parce qu'elles échappent plus facilement que pendant le jour aux postes chargés de les arrêter. Les crues augmentent la rapidité de l'eau et par conséquent aussi les chances de succès. On ne doit pas envoyer les masses flottantes l'une après l'autre; pour être sûr de réussir, il faut en abandonner au courant un grand nombre à la fois. De treize brûlots et quatre machines infernales que Jembelli dirigea en même temps contre le pont d'Anvers, il n'y eut qu'une seule machine qui l'atteignit, et dont l'explosion brisa le pont, tua, dit-on, huit cents Espagnols et en blessa un pareil nombre.

CHALOUPES CANONNIÈRES ET BATTERIES FLOTTANTES.

Les pontonniers sont quelquefois appelés à construire, à manœuvrer et à servir des chaloupes canonnières et des batteries flottantes, que l'on emploie, pour l'attaque ou pour la défense, sur des rivières, des lacs ou des inondations.

Les chaloupes canonnières sont des bateaux plats, propres à la navigation, armés d'une ou de deux bouches à feu. S'il n'y a qu'une pièce, elle est sur l'avant; s'il y en a deux, la seconde est sur l'arrière. Les pièces sont montées sur des affûts marins placés sur des châssis tournants, afin qu'elles puissent faire feu dans toutes les directions. Les chaloupes naviguent à la rame et à la voile.

On forme les chaloupes canonnières avec des bateaux du commerce choisis parmi ceux qui ont les dimensions les plus convenables, et dont la transformation en chaloupes n'exige pas trop de temps et de travail. Quand l'arrière doit recevoir une pièce, la chaloupe ne peut avoir un gouvernail ordinaire, dont la barre occuperait l'emplacement de la pièce. On place le gouvernail sur le côté du bateau, vers l'arrière, lorsqu'on n'a pas le temps ou les moyens d'établir le mécanisme compliqué nécessaire pour faire mouvoir un gouvernail appliqué derrière le bateau, sans gêner le service de la bouche à feu.

Les batteries flottantes sont de grands bateaux ou de forts radeaux armés de bouches à feu couvertes par un épaulement. Les radeaux devant avoir beaucoup de volume, sont composés de plusieurs rangs d'arbres; ils pourraient être formés de tonneaux; mais ils souffriraient davantage des projectiles de l'ennemi. L'épaulement se fait en sacs remplis de laine, de coton ou d'étoupe; en saucissons ou en poutres; il serait trop lourd en sacs à terre.

Lors du blocus de Mayence par les Français,

en 1795, l'ennemi avait sur le Rhin une flottille de chaloupes canonnières, dont le feu contribua puissamment à jeter le désordre dans une division du corps du blocus. Les pontonniers ont organisé et manœuvré des chaloupes canonnières, en 1799 et 1800, sur les principaux lacs de la Suisse : elles ont servi à escorter des convois de troupes, à protéger leur débarquement, et à tenir en respect les flottilles de l'ennemi. Ils ont aussi fait usage de chaloupes canonnières et de batteries flottantes, en 1813, sur l'inondation qui couvrait une partie des fortifications de la place de Dantzig.

NAVIGATION SUR LES RIVIÈRES.

La navigation est une des branches principales de l'art du pontonnier; elle enseigne à mouvoir et à diriger les corps flottants, soit pour les rassembler, soit pour jeter des troupes sur la rive ennemie, soit pour former des ponts. C'est à cause de son importance que dans l'organisation du corps de pontonniers on a fait entrer les bateliers de profession pour les trois cinquièmes de son effectif, et que l'instruction des pontonniers est dirigée de manière que les hommes exerçant d'autres professions, se livrent fréquemment aux exercices de navigation.[1]

1. Il n'y a point de base certaine qui puisse servir à

Les moteurs employés pour naviguer sont : les hommes, les chevaux, le courant des rivières et le vent. La vapeur est la force motrice la plus puissante, mais les pontonniers n'en font point usage dans leur service.

Les hommes agissent de plusieurs manières. Tantôt placés sur le corps flottant, ils se servent de rames ou de gaffes ; tantôt marchant sur la rive, ils halent sur un cordage amarré au corps flottant.

Les chevaux n'agissent que par le halage.

Le courant entraîne les corps flottants d'amont

---

déterminer rigoureusement le rapport qui doit exister entre les nombres de bateliers et d'ouvriers composant une compagnie de pontonniers. Si nous considérons que l'instruction de navigation donnée aux ouvriers les rend capables de seconder les bateliers et même de les suppléer dans beaucoup de circonstances, tandis que les bateliers ne peuvent devenir ouvriers en bois ou en fer ; que les bateliers, dont l'adresse est si remarquable dans l'exercice de leur profession, sont généralement moins adroits que les ouvriers dans tous les travaux du service des ponts qui ne se rapportent pas à la navigation, nous sommes conduit à regarder la proportion de trois cinquièmes de bateliers comme beaucoup trop forte, et nous pensons que le meilleur rapport serait un tiers de bateliers de profession et deux tiers d'ouvriers. Au reste, cette dernière proportion de bateliers n'a jamais été atteinte depuis 1801.

en aval; il fait passer d'une rive à l'autre les ponts volants, les trailles et les bacs volants; il aide à faire passer un corps flottant mené d'une rive à l'autre par l'action d'un autre moteur, et dont il frappe obliquement un des flancs.

Le vent, agissant contre la voile d'un bateau, le met en mouvement.

Un pilote dirige le corps flottant au moyen d'un gouvernail.

La rame est un levier du second genre, qui prend son point d'appui dans l'eau; la puissance est l'effort exercé par le rameur à la poignée de la rame; la résistance est au point où la rame est fixée au corps flottant. La rame ne trouve un bon point d'appui dans l'eau, qu'autant qu'elle est mue de manière que sa palette exerce contre le fluide un choc plutôt qu'une pression.

Les nacelles et autres petites embarcations sont souvent conduites par un seul rameur, avec une rame courte et légère, qu'il plonge dans l'eau et qu'il tire à lui, sans qu'elle soit fixée à l'embarcation : cette manière de ramer s'appelle *pagaïer*. Le rameur peut encore fixer sa rame au milieu du nez de l'arrière, faire face à ce nez et conduire l'embarcation, en agitant la rame sans sortir la palette de l'eau, et de manière que la poignée décrive alternativement un arc de cercle de droite à gauche et de gauche à droite : c'est ce qu'on appelle *gabarer* ou *godiller*.

La gaffe est une longue perche, armée à l'une de ses extrémités d'un fer ayant ordinairement deux pointes. Le gaffeur, placé dans une embarcation ou sur un radeau, appuie les pointes de sa gaffe sur le fond de la rivière ou contre l'escarpement de la rive, et fait effort dans le sens de la longueur de la perche pour imprimer au corps flottant une impulsion dirigée en sens contraire de cet effort.

La voile suspendue au mât d'un bateau reçoit l'impulsion du vent et la communique au bateau. Les pontonniers ne sont guère exercés à la navigation à la voile, si ce n'est pour la manœuvre des chaloupes canonnières.

Le gouvernail des petites embarcations est ordinairement une simple rame avec laquelle le pilote agit comme un rameur en frappant l'eau du côté vers lequel il veut faire tourner l'embarcation; si le pilote doit changer lentement la direction de la marche, il se borne à incliner plus ou moins le gouvernail en présentant une face de la palette à l'action du courant. Quand on fait usage de gouvernails analogues à ceux des navires, ils ne peuvent être maniés comme une rame et ce n'est qu'en les inclinant qu'on s'en sert pour gouverner les bateaux. Ces derniers gouvernails ne produisent d'effet que lorsque l'eau exerce contre un de leurs côtés une pression due au courant ou à la vitesse du bateau. Ils seraient sans effet, si le bateau était en repos sur une eau tranquille, ou si le bateau descendait une rivière avec une vitesse égale à celle du courant.

La navigation est *descendante* ou *ascendante*, selon que les corps flottants descendent d'amont en aval, ou qu'ils remontent d'aval en amont.

Dans la navigation descendante, le courant entraîne les corps flottants; mais pour que le pilote puisse les gouverner, il faut qu'ils aient plus de vitesse que l'eau : on doit donc ajouter l'action des rames ou des gaffes à celle du courant, quelque rapide qu'il soit.

Le pilote conduit et maintient le corps flottant dans le plus fort courant; c'est là que se trouve en même temps la plus grande profondeur d'une rivière qui n'est point débordée. Il y a des règles pour reconnaître le chemin que doit suivre un corps flottant en descendant une rivière, chemin auquel on a donné le nom de *thalweg*, emprunté de l'allemand. Quand les rives sont droites et également escarpées, le thalweg est au milieu de la largeur de la rivière; lorsque la rivière est sinueuse, il passe plus près de la rive concave que de la saillante. En général, il se rapproche de la rive la plus escarpée. L'œil exercé d'un pilote reconnaît d'ailleurs le thalweg, soit à la plus grande vitesse de l'eau, soit, lorsqu'il fait du vent, à sa plus grande agitation ou à de plus fortes vagues.

Le pilote évite les bas-fonds (endroits où la rivière manque de profondeur) et les pieux, roches, etc., où l'eau bouillonne et s'élève au-dessus de son niveau. Il doit encore s'éloigner des remous produits par les obstacles que les eaux rencontrent dans leurs cours. Ils sont l'effet de deux courants en sens contraire, dont il résulte des tournoiements plus ou moins considérables. Quand le mouvement est rapide, l'action de la force centrifuge forme un gouffre quelquefois très-dangereux aux bateaux qui s'y engagent.

Quand la rivière se partage en plusieurs bras, on prend celui dans lequel se jette le plus fort courant; mais ce choix n'est pas toujours facile à faire, et le mieux en pareil cas est de se diriger d'après les renseignements pris d'avance auprès des bateliers qui connaissent les localités.

Lorsque le pilote ne connaît point parfaitement l'état du lit de la rivière, on fait précéder le corps flottant par une nacelle qui va planter des *balises,* indiquant le chemin qu'il faut suivre aux endroits douteux. Ces balises sont ordinairement des branches d'arbres; un signe de convention montre de quel côté de la balise est le thalweg. On peut convenir, par exemple, que le corps flottant laisse à sa droite les branches dont le haut de la tige est rompu et incliné, et qu'il laisse à sa gauche les branches non rompues. De grands bateaux polonais, qui descendent la Vistule à la rame, sont précédés par un guide, monté dans une pirogue formée d'un arbre de sapin creusé: ce guide, toujours en vue du bateau qu'il conduit, cherche le thalweg, et l'indique en frappant l'eau avec le plat de sa *pagaïe* (rame), de manière à faire jaillir le fluide à une assez grande hauteur.

Dans la navigation ascendante, il faut vaincre la force du courant; c'est pourquoi les bateaux, trains ou radeaux remontent les rivières en côtoyant les bas-fonds, près desquels l'eau a toujours moins de rapidité qu'au thalweg. Cette navigation s'effectue à la voile, à la gaffe ou par le halage. Ce dernier moyen est commode quand la rivière est bien encaissée, et qu'il y a sur ses bords un chemin de halage praticable pour les hommes ou pour les chevaux. Les rivières rapides, dont le lit est large, parsemé d'îles, de bancs de sable ou de gravier, dont le chemin de halage change souvent de rive, ou est interrompu par des obstacles, offrent de grandes difficultés à la navigation ascendante, qui est alors très-pénible.

Un bateau d'équipage de pont, conduit par des rameurs et un pilote, sur une rivière dont le courant n'a pas une grande force, peut suivre une direction droite ou courbe quelconque, avec plus ou moins de vitesse.

Au moyen du gouvernail, le pilote le fait tourner à droite ou à gauche, en parcourant un arc plus ou moins grand; on peut faire concourir les rames à ce mouvement, afin de diminuer, et même de rendre nul, le rayon de l'arc décrit. Quant à la vitesse due à l'action des rames, on peut la faire varier depuis celle résultant du plus grand effort des rameurs jusqu'à une vitesse nulle; on peut même donner au bateau un mouvement rétrograde, en faisant agir les rameurs en sens contraire sur leurs rames. Il n'y a qu'un seul mouvement que le bateau ne peut recevoir, c'est celui qui le ferait appuyer à droite ou à gauche, parallèlement à lui-même : il pourrait se mouvoir ainsi par l'effet de deux gouvernails, l'un placé à l'arrière, l'autre à l'avant de l'embarcation.

On jette l'ancre pour arrêter un bateau sur un courant rapide. Il y a une manœuvre par laquelle on laisse descendre le bateau sur son ancre aussi lentement qu'on le désire: cela s'appelle *déraper l'ancre.* Pour déraper l'ancre, on remonte le bateau sur le cordage d'ancre, jusqu'à ce que l'ancre soit soulevée, sans qu'elle cesse entièrement de pénétrer dans le fond de la rivière; alors le bateau descend, en obéissant à l'action de la force du courant, et entraîne son ancre avec plus ou moins de vitesse, selon que l'ancre a été plus ou moins soulevée. Veut-on diminuer la vitesse descendante du bateau, il suffit de filer un peu de cordage et de retenir ensuite; veut-on arrêter le bateau, on file de nouveau un peu de cordage et ensuite on retient.

Cette manœuvre, souvent utile dans la navigation sur les rivières rapides, trouve son application dans le repliement des ponts; on l'emploie, pour éviter les accidents, lorsqu'on lève les ancres avec les bateaux auxquels les cordages de ces ancres étaient amarrés.

NOTE SUR LA MANIÈRE DE ROMPRE LA GLACE.

Il est souvent utile de rompre la glace dans des rivières ou des canaux; dans les fossés d'une place exposée à une attaque de vive force, ou autour de la partie de son enceinte, couverte par une inondation.

Les pétards ou mines introduits sous la glace, y éclatent sans produire beaucoup d'effet.

Un moyen simple et facile de la rompre et de l'empêcher de se reformer, c'est de faire aller et venir sans cesse un bateau de moyenne grandeur, en lui imprimant pendant sa marche un mouvement de roulis continuel, plus ou moins fort, selon l'épaisseur de la glace. Les pontonniers ont ainsi rompu de la glace de 20 centimètres d'épaisseur.